新・保育環境評価スケール②
●0・1・2歳

テルマ ハームス + デビィ クレア + リチャード M.クリフォード + ノリーン イェゼジアン [著]
Thelma Harms + Debby Cryer + Richard M. Clifford + Noreen Yazejian

埋橋玲子 [訳]
Uzuhashi Reiko

ITERS-3

Infant/Toddler Environment Rating Scale®
Third Edition

法律文化社

INFANT/TODDLER ENVIRONMENT RATING SCALE®, Third Edition (ITERS- 3)
by
Thelma Harms + Debby Cryer + Richard M. Clifford + Noreen Yazejian

Copyright © 2017 by Thelma Harms, Debby Cryer, Richard M. Clifford and Noreen Yazejian

First published by Teachers College Press, Teachers College,

Columbia University, New York, New York USA. All Rights reserved.

Japanese translation rights arranged with Teachers College Press, New York

Through Tuttle-Mori Agency, Inc., Tokyo

ERS® and Environment Rating Scale® are registered trademarks of Teachers College, Columbia University

はじめに

　ITERSとは、*Infant/Toddler Environment Rating Scale*の略称で、1990年にアメリカで開発された3歳未満児（初版では2歳半）の集団保育の質を総合的に測定するスケールです。2003年に改訂版のITERS-Rが、2005年にはアップグレード版が発行されました。本書はそれに続くもので、2003年の改訂版以来の大きな改訂版である第3版、つまりITERS-3の日本語訳です。

　ITERS-R（2003）の日本語訳『保育環境評価スケール②乳児版』（2004）は、ECERS-R（1998）の日本語訳『保育環境評価スケール①幼児版』（2004）とともに日本の保育現場でも使われ、版を重ねました。訳者である私は、スケールを用いて午前中に約3時間の共同観察を行い、午後は結果の検討を行うという形のコンサルティングを十数年にわたり続けてきました。

　2015年、アメリカでECERS-Rは大きく改訂され、ECERS-3として出版されました。2017年にはその日本語訳『新・保育環境評価スケール①3歳以上』を出版することができました。本書はそれに続く『新・保育環境評価スケール②0・1・2歳』です。

　2017年告示の『保育所保育指針』では、乳児・1歳以上3歳未満児の保育に関する記載の充実が図られました。保育所保育指針解説書（2018）には、次のように記載されています。

> 乳児から2歳児までは、心身の発達の基盤が形成される上で極めて重要な時期である。また、この時期の子どもが、生活や遊びの様々な場面で主体的に周囲の人やものに興味をもち、直接関わっていこうとする姿は、「学びの芽生え」といえるものであり、生涯の学びの出発点にも結び付くものである。

　ITERS-Rの大幅な改訂の背景には、0・1・2歳の時期本来の重要性にとどまらず、learning（学び）のスタートの時期としての重要性に注目するようになった国際的な潮流があります。ITERS-3では幼い子どもと保育者の言語的な関わりの重要性を以前より強く打ち出しています。本書の項目、指標を丁寧に読み込んでいくと、指針解説書に示された「学びの芽生え」を支える人的環境、物的環境の具体的なありようが理解できるのではないかと思います。ITERS-3の内容は、日本の乳幼児保育がめざそうとする方向とかなりの部分重なるのではないでしょうか。

　このたび、『新・保育環境評価スケール①3歳以上』と同様、同志社女子大学より出版助成金を得て、本書を刊行することができました。ここに記して深く感謝の意を表します。

2018年7月
埋橋玲子

ITERS-3 日本語訳の出版に寄せて

　ITERSの第3版であるITERS-3が埋橋玲子博士によって翻訳され、出版されることは私にとって大きな喜びです。

　博士は、日本での研究・保育者養成に従事するのみならず、International ECERS Network（保育環境評価スケール国際ネットワーク）に積極的に参加し、多大な貢献をしてきました。このネットワークは、保育環境評価スケールを用いて乳幼児期の教育とケアに関する教育や研究を行う人々によって組織され、主にヨーロッパで年1回研究集会が開かれます。評価スケールの著者らもそのメンバーです。

　誕生から3歳までの子どもに質の高い集団保育の場を提供するのは、大変な挑戦を要することです。保育の場が安全であり、成長著しいこの時期の子どもに適切な身体的環境を与えるだけではなく、保育者は子どものニーズに速やかに応じ、社会的/情緒的、言語、知的能力の発達を導かなくてはなりません。ITERS-3の項目観察を行うことで、子どもと保育者の相互関係がどのようなものであるかについて、遊びと学びのための物的環境とともに、保育の質を見定めていくことができます。

　このITERS-3が『新・保育環境評価スケール②0・1・2歳』として訳出されることを、他の3人の著者、デビィ・クレア博士、リチャード M.クリフォード博士、ノリーン・イェゼジアン博士とともにうれしく思います。今後、ECERS-3（日本語訳『新・保育環境評価スケール①3歳以上』）とともに、日本の幼児教育・保育に従事する方々、研究者の方々により活用されることにより、日本の乳幼児期の教育とケアの質の向上に役立つことを期待しています。

　　　　　　　　　　　　　　　　　　　　　　　　　　2018年3月
　　　　　　　　　　　　　　　　　　　　　　　　　　テルマ・ハームス（博士）

謝　　辞

　ITERS-3の上梓にあたり、著者一同、多くの人々からいただいたお力添えに感謝します。評価スケールに長年取り組んできましたが、保育現場の方々、子どもの発達や幼児の学びの環境の専門家の方々から、多くの示唆を得ました。ウェブサイトには、数種類ある環境評価スケールについて、文字どおり何千もの考えを深めていくうえで参考となるコメントや質問が寄せられました。さらに、研究とトレーニングを進めるなかで、多くの同僚との共同作業を行いました。これらの経験の1つひとつが、乳幼児期の環境というものが、発達の全領域にわたってどのように影響を与えるかという私たちの見解を形作っていきました。1人ひとりの方にお礼を申し上げることは不可能ではありますが、私たちにいろいろな形で貴重なご意見をくださったことにまず感謝を申し上げます。アメリカ国内だけではなく、世界各国で研究や保育の質の向上のためにITERSを用いる人々のご意見から、私たちは最も幼い子どもたちの質に関する理解を深めてまいりました。

　以下のとおり、謝意を表します。

- トレーニングとITERS-3の先行研究データ収集の結果から得られた知見をともに深めてくださった、ERSI（＝Environment Rating Scales Institute）の同僚、そして州機関の指導者のみなさん。特に、信頼性を高めるための草稿段階のスケールのフィールドテストに尽力いただいたCathy Riley, Tracy Link, Lisa Waller, Lakeisha Neal。
- ノースカロライナより遠方のデータ収集者のトレーニングにあたってくれたLisa Waller。
- 指標と項目を見直すにあたりITERS-Rの大量のデータの処理と調査の実施にご尽力くださったノースカロライナ大学チャペルヒル校FPG子ども発達研究所の研究者のみなさん、そして州機関の指導者のみなさん。　Educare Learning Network Implementation Studyデータに関してNoreen YazejianとDonna Bryanto、そして共同リーダーのみなさん。ジョージア州（乳幼児ケアと学び部局のBentley Ponder and Denise Jenson）、ペンシルヴァニア州（PA Keys to QualityのMegan Showalter）、ワシントン州（ワシントン州早期学習部局と連携したワシントン大学のDeEtta Simmons）の州職員とアセスメントチームのみなさん。また、ITERS-Rのデータ収集に尽力してくれたオクラホマ大学のJohn Siders。
- フィールドテストでのタブレットPCデータ収集用ソフトウェアを用意し、データ分析にあたっても大きな働きをしてくれたBranagh情報グループのみなさん。特にMark BranaghとMary Frances Lynchに特別な感謝を捧げます。
- ITERS-3のフィールドテストにあたり、非常に有能な研究のコーディネーターのGayane Arturovna Baziyants、そしてデータ分析者のDari Jigjidsuren。お2人なしにはこの研究は成立しませんでした。
- フィールドテストに際し、時間と労力を費やしてETERS-3の信頼性の調査にご協力くださった機関と個人のみなさん。乳幼児ケアと学び部局（Denise Jenson, LariLyn Beyer, Kimberly Pratt）、ペンシルヴァニア州Keys to Quality（Megan Showalter, Patty Carroll, Lisa Mulliken）、ワシントン州早期学習部局（Jessica Le, DeEtta Simmons, Asha Warsame）。
- ITERSを翻訳し多くの言語で使えるようにしてくれた同僚や翻訳者の方たち。みなさんのおかげで文化と民族の多様性のなかで学びの環境についてとらえなおし、検証を行ううえで刺激を与えられました。

- 新版の出版にあたりご尽力いただいたTeachers College Pressの編集者やスタッフの方々。
- 私たちを園や保育室で快く迎えてくださった多くの役職者や先生の方々、とりわけ先行研究にご協力いただいた方々。

2017年4月

Thelma Harms（テルマ・ハームス）
Debby Cryer（デビィ・クレア）
Richard M. Clifford（リチャード M. クリフォード）
Noreen Yazejian（ノリーン・イェゼジアン）

目　次

はじめに
ITERS-3 日本語訳の出版に寄せて
謝　辞

解題：6サブスケールと33項目の意味
使用の手引き
　　評　定
　　スコアシートとプロフィール
　　スケールの用語解説

新・保育環境評価スケール② 0・1・2歳

評定項目と注釈 …………………………………………… 1
　　空間と家具　2
　　養　護　10
　　言葉と絵本　18
　　活　動　30
　　相互関係　50
　　保育の構造　62

スコアシート〈0・1・2歳〉………………………………… 69

プロフィール〈0・1・2歳〉………………………………… 77

付録1 ▶園内（公開）研修の手引き ……………………… 78
付録2 ▶共同観察シート（観察者間信頼性確認）………… 79

解説：新・保育環境評価スケール〈0・1・2歳〉（2017）について
　　──ITERS-R から ITERS-3 へ── ………………… 81

訳者あとがき

解題：6サブスケールと33項目の意味

サブスケール1 ▶ 空間と家具
　　乳幼児期の発達の特徴を踏まえた室内空間を魅力的に構成する。保育者が働きやすい

1. 室内空間　快適に生活ができる
2. 養護・遊び・学びのための家具　安全に、楽しく過ごせる
3. 室内構成　動線がよく、活動がスムーズになる
4. 子どもに関係する展示　目に入るものが自分に関わりがある

サブスケール2 ▶ 養　護
　　健康および安全を確保する

5. 食事／間食　食べる喜びと楽しさを知る
6. オムツ交換／排泄　気持ちよく、自立へ向かう
7. 保健衛生　感染予防と清潔の心地よさを感じ、習慣を少しずつ身につける
8. 安　全　大きな怪我をしない

サブスケール3 ▶ 言葉と絵本
　　直接的なコミュニケーションを豊かにし、言葉の世界に誘う

9. 子どもと話す　話しかけられることを喜ぶ
10. 語彙の拡大　豊かな言葉の世界へ入っていく
11. 子どもからのコミュニケーションへの応答　自分の感情や欲求などを受けとめてもらう
12. 子どもからのコミュニケーションの促進　積極的に自分の感情や欲求などを表す
13. 保育者による絵本の使用　大人の支えにより絵本を楽しむようになる
14. 絵本に親しむ環境　自分で絵本の世界に入っていく

サブスケール4 ▶ 活　動
　　見て、触って、探って、やってみる環境を整える

15. 微細運動（手や指を使う）　手先、つま先の器用さが育つ
16. 造　形　感じたこと、考えたことを、形にする
17. 音楽リズム　感じたこと、考えたことを、声や身体、楽器を使って表現する
18. 積み木　簡単に積んだり崩したり、お話を作って楽しむ
19. ごっこ（見たて・ふり・つもり）遊び　身の回りのことを再現して楽しむ
20. 自然／科学　自然、生物、無生物を経験する
21. 数・量・形など　生活の中にある仕組みを経験する
22. ICTの活用　（本来は望ましくない）

23. 多様性の受容　いろいろな人がいることに気づく
24. 粗大運動（身体を大きく動かす）遊び　十分に動き、身体感覚を育てる

サブスケール5 ▶相互関係
　　信頼感や親しみに支えられて生活が確立される

25. 粗大運動遊びの見守り　のびのびと体を動かすことを楽しむ
26. 見守り（粗大運動遊び以外）　安心して、自分で何かをしようとする
27. 子どもどうしのやりとり　他の子どもと関わりをもとうとする
28. 保育者と子どものやりとり　自分を肯定する気持ちが育つ
29. あたたかな身体的関わり　身近な人と親しみ、愛情を感じる
30. 望ましいふるまいの導き　生活の仕方、きまりを身につけていく

サブスケール6 ▶保育の構造
　　生活のリズムを大切にする

31. 日課と移行時間　安定感をもって過ごす
32. 自由遊び　主体的に活動する
33. 集団での遊び　ねらいのある活動を経験する

　　　　　　　　　　　　　　　　　　　　　　（作成・埋橋玲子）

使用の手引き

1. このスケールは、2歳までの子どもの1つのクラスまたはグループに対して、一度に用いるようにデザインされています。子どもの75％以上がこの年齢であるならば、このスケールを使ってください。これより年齢が高い場合は『新・保育環境評価スケール①3歳以上』（ECERS）を使ってください。特に断りがない限り、どの指標もすべての子どもを念頭に置いています。とはいえ与えられた環境でひとり残らず同じ経験をしなくてはならないということではありません。実際に何が起きていて、その経験は同じクラス／グループにいる子どもにとっても同様に起こりうるかどうかということを考慮して観察をしなくてはなりません。

2. 少なくとも連続して3時間の観察をしなくてはなりません。全日保育でない場合、観察は、登園・降園時間を除いてほとんどの子どもが出席している時間に行いますが、保育時間が3時間より少ない場合は登園・降園時間も含めて観察します。登園から降園まで通して3時間に満たない場合は全部を観察します。

3時間とは、その時間内に起きたことですべての項目と指標の評定が決まるという"タイムサンプル"です。たとえば、3時間のタイムサンプルのなかでまったく自由遊びの時間がなかったとすれば、自由遊びが前提となる指標については満たしていない（1点のレベルで「はい」、3点以上のレベルで「いいえ」）ことになります。同様に、この3時間内に粗大運動遊びが観察されない場合、粗大運動遊びに関するすべての指標に評点は与えられません。

室内環境のある特定のエリアを観察し評定するために観察を延長させることも可能です。非常に稀なことですが、3時間のうちにオムツ交換／排泄や食事／間食が観察されないことがあり、観察者はこれらのことが観察されるまでは続けなくてはなりません。その延長時間内に見られた相互関係については評定しませんが、これら2項目の衛生手続きおよびと栄養面での適切さについて情報を得ます。同様に、時間中に子どもが使用することのなかった粗大運動の設備や用具について、時間を延長して調べることも必要になるかもしれません。また、観察時間中には子どもが使っていてきちんと見ることができなかった遊具／教材について、時間を延長して確認することもあるでしょう。観察時間中には、やりとりに注意をより集中するので、このようなことも起こりえます。

次のような保育室での観察の手続きは厳守されなくてはなりません。

- 観察は、子どもの数が最も多く活動的な時間帯に行わなければなりません。
- 保育者に対し、観察後の質問はしません。すべての評点（スコア）は観察に基づきます。しかし観察に入る前に、手短に質問をしてスコアシートの表紙にある事項については記入しておきましょう。
- 観察の対象となったグループが移動するときには追いかけていきます。もしクラスが2～3のグループに分割されるようなら、そのうちの1グループを追ってそのグループ内の子どもたちがする経験について評点を付けます。たとえば、もしクラスの半分が外遊びに出ていき、半分が室内で活動するのであれば、どちらかを追います。最も人数の多いグループを追いますが、同じ人数であればどれかにします。グループによって異なる経験をするけれども、スコアは自分が入ったグループの活動に基づいてつけます。クラスの活動以外に、保護者の選択により特別な活動（ダンスや体操など）をする子どもについては観察の対象としません。
- 典型的には観察は午前中に行われ、8：30～11：30、または9：00～12：00です。とはいえ、観察

を全うするために最良の時間を決めるために、訪問に先立って最適の時間帯について打ち合わせをしておくことがよいでしょう。半日プログラムで、3時間より短時間でない限り、登園・降園の時間を除いて出席人数が最も多い時間帯に観察は行われなくてはなりません。もし保育時間が3時間未満であれば、基準となる「使える時間（accessibility）」を減らします。

3．園に到着し、観察が始まる前にスコアシートの表紙の情報をできるだけ集めておきます。職員の方に質問しなくてはならないでしょう。必ずすべての情報を記入しておいてください。

4．**スケジュール観察**は次のようなクラスでのいろいろな活動に子どもが携わっている時間の総量を計算して決めます。
- 子どもはいつ、どのように特定の遊具／教材を使えるか
- もしあれば、待ち時間（例：食事、活動前）
- 集団活動の時間と、その時子どもは楽しんでいるかどうか
- ルーチン【訳注：日常の決まってすること】はいつあるか（例：トイレ、昼食／間食）
- 粗大運動遊びの時間

スコアシートには必要事項の記入欄があります。自分では動けない赤ちゃんのいる保育室では、赤ちゃんがどのようにしていろいろな遊具などを使えているかについてのメモが必要となるでしょう。

保育室に入ったその時から観察を始めなさい。スコアシートに時間を記入します。3時間中、子どもがそれぞれの記録時間内で何を経験しているかを書き留めながら、時間を記録し続けます。

評定には根拠が必要で、保育者の話しかけやふるまいのような、相互関係の例が必要であるものについては、3時間の観察全体を通して評点を定めます。特に指示がないものについても、3時間の観察が終わるまでには評点を定めます。

5．観察の間には子どもが使う空間を巡っていくことが必要になるでしょう。これは遊具／教材や相互関係について正確に評定するためです。保育者や子どもが会話やその他のときに何を言っているか確認してください。食事／間食、トイレ、子どもとの絵本の使用、集団の遊びの活動のように、その時でないと観察できないことについてはしっかりと注意を払いましょう。以下の**観察ガイドライン**に従ってください。

【できるだけ周囲に影響を与えない】
- 観察中、保育者は子どもに関わっているので、話しかけたり、質問をしたりしてはいけません。クラスに関して必要な情報は入室前に集めておくか、質問をするなら入室した直後にします。保育者が保育に専念できるように、タイミングを見はからって情報を得ます。
- 観察者として、子どもには自分に近寄らないことを伝えます。遊んでいるようすを見に来た、とか今は仕事中と言えるでしょう。活動の中に入って行ったり、やりとりをしたりしてはいけません。
- いずれにせよ進行中の活動を妨げてはなりません。部屋の境界あたりに位置し、できるだけ目立たず、しかし正確な評定に必要な証拠を集めるために適宜移動しましょう。
- 進行中の活動の邪魔にならないようなら、床や椅子の上に座っても構いません。しかし遊具棚やテーブル、子どもの机上遊びの近くの椅子、大型遊具に腰かけてはいけません。
- 子どもやおとなの通り道をふさがないように動かなくてはなりません。周囲で何が起きているか常に注意深くあらねばなりません。
- 集団に影響を与えない範囲で開放棚にあるものは観察できます。引き出しやキャビネットの中、あるいは子どもの手が届かないとか子どもが使っていない閉ざされた場所をのぞいてはいけません。

- 子どもの手の届くところにバッグなどを置いてはいけません。保育室内に持ち込まないのがベストです。
- 携帯電話は緊急事態でない限り電源を切っておきましょう。
- 他の観察者がいるなら、観察中に話をすることは避けましょう。
- 自然な表情を保ち、子どもや保育者が観察者の反応を気にすることがないようにしましょう。
- スケールでの観察をする人は、必ず入室する前に手洗いもしくは手指消毒をします。

6．衛生と安全については公的な基準に基づきます。

7．スケールを終えるために時間を有効に使いましょう。園を後にするときには全指標・項目がスコアリングされていなくてはなりません。観察者は評定をする根拠を見つけるのに時間を費やすべきであり、根拠を見つけてチェックを入れることは、後で判断するために膨大なメモを取るよりも重要です。観察中に判断の根拠となる事柄をスコアシートに記入しましょう。保育者がある種のコメントをすることが最低1回求められるなら、憶測でスコアリングをしたのではないことを明らかにするために、その例についてメモをしておきます。もしその例が観察されなかったら、評点は与えられません。

◆評　定

1．スケール全体を、項目と注釈の部分とともに注意深く読んでおきましょう。正確であるためには、項目の中の指標に基づいた評定を行わなくてはなりません。
2．正確な評点を得るために、観察時間中にはスケールを常に参照しましょう。
3．指標に関して、例示されたものではなくても内容に沿って同様のことがあれば、その指標について評定ができます。
4．評点は観察された現在の状況に基づいて決められます。
5．項目の評定を行うとき、常に"1（不適切）"の指標からスタートし、上位に進んでいき、それぞれの指標について「はい」か「いいえ」を判断します。
6．評定は次のようにして決められます。
    - もしひとつでも"1"の指標に「はい」があれば〈1〉とします。
    - "1"の指標がすべて「いいえ」で、"3"の指標の半分以上が「はい」であれば〈2〉とします。
    - "1"の指標がすべて「いいえ」で、"3"の指標の全部が「はい」であれば〈3〉とします。
    - "3"の指標がすべて「はい」で、"5"の指標の半分以上が「はい」であれば〈4〉とします。
    - "3"の指標がすべて「はい」で、"5"の指標の全部が「はい」であれば〈5〉とします。
    - "5"の指標がすべて「はい」で、"7"の指標の半分以上が「はい」であれば〈6〉とします。
    - "5"の指標がすべて「はい」で、"7"の指標の全部が「はい」であれば〈7〉とします。
7．「無回答（NA＝Not Applicable）」の適用は、スケールやスコアシートに無回答可と書かれている指標、あるいは項目に限られます。無回答可と記された指標や項目については計算の対象としません。
8．サブスケールの平均点を出すには、サブスケール内の項目のスコアを合計して、評定した項目数で割ります。全体の中央値は全部の項目のスコアを合計して、評定した項目の数で割ります。

項目のスコアを定めるのに、必ずしも全部の指標について見なくてもよい場合がありますが、スケールを使うときは全部の指標について見ておくことを強くお勧めします。そうすることで質の向上のための情報が得られ、助言もしやすくなります。さらに、完全な情報を得ることでデータ分析と調査が可能になります。また見逃しの問題も減ります。

◆スコアシートとプロフィール

　スコアシートは指標と項目の両方で使います。指標は「はい」「いいえ」「無回答（明示されている場合のみ）」のいずれかにチェックを入れます。項目のスコアは1（不適切）から7（とてもよい）までか、「無回答」（明示されている場合のみ）になります。それぞれの指標の正しいボックスにチェックを入れるよう、注意します。計算で得られた項目のスコアにはっきりと丸を付けましょう。

　この版ではスコアシートは記録用紙としても使えます。メモだけではなく、質問や図、その他観察中に集められた特定の情報がたどれるようになっています。たとえば、子どもサイズの椅子やテーブルの数、手洗いがきちんとされた回数、またいろいろな遊具／教材の種類や個数が記録できてスコアシート上で計算ができるようになっています。

　77ページのプロフィールでは全項目とサブスケールの結果が一覧できるようになっています。長所と短所が一目でわかり、どのサブスケールと項目を改善のための目標とすればよいか選べます。サブスケールの中央値も示されます。また、最低2つの観察結果を記入でき、変化を見ることができます。

◆スケールの用語解説

1. **使える**（accessible）とは、子どもが遊具／教材、家具、設備その他に近寄って手に取れたり使えたりするということです。室内にあるだけでは必ずしも「使える」を意味するとは限りません。

　支えなしでは座れない小さな赤ちゃんに対しては特別の配慮が必要です。支えなしで座れない小さな赤ちゃんは、保育者からの個別的な対応がしばしば求められます。グループ内の他の大きな赤ちゃんよりも、抱っこされたり、おとなから落ち着かせてもらったり、シート、ハイチェアー、ベビーベッド、ゆりかごなど赤ちゃん専用の家具を必要とするでしょう。過度のストレスを避けるためにこれらを使用するのですが、赤ちゃんの粗大運動の発達からすると、理想的とはいえないような使われ方をしているかもしれません。とはいえ、観察時間中あまりに長時間、乳児にこれらの家具が使われてはなりません。そうではなく、必要に応じて、保育者が抱き上げて落ち着かせるべきなのです。機嫌がよくないとか、入園したばかりの乳児はもっとも頻繁に抱かれたがり、徐々に通常の保育になじんでいくのです。保育者は、赤ちゃんを床その他の上で遊べるようにして、他の赤ちゃんと隣り合うようにしたり、抱っこして座ったりします。月齢の低い乳児にはおもちゃなどを常に手にすることは求められませんが、それは、まだおもちゃをつかむことができないからです。もし喜ぶなら、クレイドルジムの下に寝かせ、ぶら下がったおもちゃを動かすようにしたり、保育者が赤ちゃんの注意を引いたりできるでしょう。

　小さな赤ちゃんのケアを観察するとき、保育者が子どもを落ち着かせるために手立てを取り、それにより子どもが満足しているなら、子どもがよく見守られて声をかけられている限り、子どもの動きを制限するような家具が使われているとかおもちゃなどを使っていないとしても、評点に反映させません。とはいえ、月齢の高い低いにかかわらず、子どもは満足していたとしても、あまりに長い間体の動きを制限するような家具が使われるべきではありません。

　支えられないと座れないような小さな赤ちゃんは「使える」について、年長の子どもと同じようなレベルを求めなくてもよいのです。とはいえ、全員の子どもがすべてのおもちゃを使うことがなくても、どの子どもも、保育者が手助けすることで適切なおもちゃを使っていることが観察されなくてはなりません。

　最も小さい赤ちゃんの「使える」についての評定は以下のようなものです。

- 〈最低限（3）〉のレベルで、観察時間中、赤ちゃんが、長時間何のおもちゃも与えられず、ベビーいすやゆりかごその他子どもの動きを制限する家具の中に置かれたままでいることが日常的であるようなら、評点を与えることはできません。赤ちゃんは家具の中に放っておかれるのではなく、

度々床の上などに出されるか、おもちゃが与えられるという経験がなくてはなりません。まわりを見ているだけで何もすることがないまま過ごすということはほとんどあってはならないことです。

- 〈よい（5）〉のレベルでは、赤ちゃんは、日常的に、多くの時間を遊具／教材を使って過ごしていなくてはなりません。観察時間中、長い間、ベビーいすなどの動きを制限される家具の中にいたとしても、おもちゃが与えられていたり、保育者とのやりとりがあったりしなくてはなりません。子どもが抱っこされず、保育者とのやりとりがなく、おもちゃを使えない状態で、動きを制限される家具の中に長時間放っておかれることはあってはなりません。
- 〈とてもよい（7）〉では、赤ちゃんがおもちゃを使わないまま、動きを制限される家具の中にいることがほとんどないことです。少しはおもちゃなどから離れている時間があったとしても、おおむね抱っこ／やりとりがあり、おもちゃなどの経験がなくてはなりません。

まだ自分では動けないが支えがなくても座れる赤ちゃんには、もっとおもちゃなどが使えるようになっており、保育者が子どもにおもちゃなどを持ってきたり、子どもをおもちゃに届く範囲に動かしたりしていなくてはなりません。おもちゃの使用は、自分で動ける子どもほどには求められません。

- 〈最低限（3）〉のレベルでは、ルーチンのときを除き、観察時間を通して、長い間おもちゃなどに手が届かなかったり使えなかったりすることがなく、子どもが目覚めて遊べるようになっているときには、使えるようになっていることが、通常、求められます。
- 〈よい（5）〉のレベルでは、何度かは使えなくても、ほとんどの時間は使えるようになっています。
- 〈とてもよい（7）〉では、おもちゃなどが使えないときはほとんどない状態です。抱っこされたりあやされたりして子どもが楽しんでいるとき以外、子どもが遊べるようであれば、通常、ほとんどいつでもおもちゃなどを使える状態です。加えて、条件がある項目ではその条件を満たしていることです。

動ける子どもの場合。

- 〈最低限（3）〉のレベルでは、たまに長い時間あるいは度々短い時間、おもちゃなどを使えないことがあります。
- 〈よい（5）〉のレベルでは、たまに少しの間は使えないことがあるが、通常は使え、条件がある項目についてはその条件を満たしています。
- 〈とてもよい（7）〉では、「使える」とは、絵本やリズム、抱っこ、あやされているなどで子どもが楽しんでいる時間以外は、ほとんど、自分でおもちゃなどに手が届かなかったり使えなかったりすることはありません。子どもは自由に動き回れて、自分の選んだおもちゃ等が使えなくてはなりません。

もし、観察時間中、目覚めていていつでも遊べる子どもが戸外で1時間以上過ごしているなら、〈よい（5）〉〈とてもよい（7）〉のレベルで評点を与えるには、室内と同じように遊具／教材を使えるようになっていなくてはなりません。

異年齢混合の場合、観察者は、年齢に応じておもちゃが使えなくてはならない程度が異なることを踏まえ、それぞれ時間とおもちゃ等の量を見極めて評定をしなくてはなりません。

2．年齢の幅について：0歳児は生後5、6か月、あるいは支えなしで座れない時期と、6か月以降の支えなしでも座れる時期に分かれます。3歳以上の子どもが観察グループ内にいるかもしれませんが、その子どもについては特例とします。

3．相互関係について：否定的、肯定的、あるいは中立的。相互関係は保育士が担当の子どもたちと関わるやり方のことを意味します。相互関係には保育者と子どもの間での言語的コミュニケーション、身

体的接触、その他非言語的コミュニケーション（例：身振り、注意を向ける、表情）があります。相互関係は否定的、肯定的、中立的なものに分類されます。**否定的な相互関係**は、怒り、冷たさ、見下すこと、短気、無関心、不機嫌というものです。それらを向けられると、自分に価値がなく、何もできず、疎外され、愛されていないという気持ちになります。保育者が泣いていたり注意を向けて欲しがっている子どもを無視したり、だいたいにおいて無視しているようなら、これは否定的とみなされます。**肯定的な相互関係**とは、その対極にあるもので、幸福、満足、くつろぎ、忍耐、尊重、関心のメッセージがあり、それらを向けられると、自分に価値があり、有能で、歓迎されていて、愛されているという気持ちになります。**中立的**とは何につけ強力なメッセージはないけれども、傷つけはしないが支持的でもなく、子どもを無視することはない、というものです。

否定的な相互関係が与える影響は、肯定的・中立的いずれによるものよりも大きくなります。換言すれば、否定的な相互関係があることは、多くの肯定的・中立的なやりとりがあることよりも重くみなくてはなりません。なぜなら、ひとつの否定的なやりとりが、多くの肯定的なやりとりをなかったものにしてしまうからです。

グループを観察していると、3種類の相互関係がいろいろな程度で起きうるものです。グループ内の子どもにそれがどの程度平均的に影響するのか観察者が判断します。保育者が複数いれば、複数の相互関係の形があり、1人の保育者の場合でも観察時間中に変化することはありえます。したがって、観察者は、全体的な雰囲気が子どものニーズに合っているかどうかについて判断しなくてはなりません。

4．保育者（staff）とは、観察時間中に全員の子どもと通常関わっているおとなのことを指します。代理の人、学生、ボランティア、フリー、その他パート職員の場合もあるでしょう。1人の子どもに関わるセラピストとか保護者のように、全員に関わらないおとなはカウントしません。

5．天候が許す限りというのは、気温の異常などで警告が発令される、あるいは雨や雪という悪天候ではない、ということです。日中天候が悪化するようであれば早めに外に出すという、日課の変更を伴う場合があります。たとえば、早朝雨が降っていたが、観察の時間には晴れているということがあります。この場合には外で遊べる機会があります。外遊びのできる天候とはいえ、たとえば大気汚染の警報が出ている、大量の蚊の発生などの場合、外遊びは求められません。

6．楽しんでいる（engaged）とは子どもが興味をもち注意を向けていることで、静かにしていたり行儀がよかったりすることとは違います。子どもは静かに座って先生の顔を見ていたとしても、何らかの形で興味を示していなければ、楽しんでいるとはいえません。発達段階によって、子どもは凝視したり、積極的に参加したりという態度で興味を示します。表情や動き（例：腕を振る、足で蹴る）、発声（例：バブバブ言う）で、子どもが活動ややりとりを楽しんでいるかどうかがわかります。

7．遊びの場（play area）とは子どもが遊具／教材を使って遊べるスペースのことであり、**活動センター**（interest center）とは特定の遊びのために明確に区別された場所【訳注：コーナーなど】のことです。活動センターは、遊具／教材は種類別に分けて収納されていて、子どもが使えるようになっているものです。必要に応じて家具があります。遊具／教材に応じて、遊べる子どもの人数と適切な広さがあります。積み木遊びやごっこ遊びは動きが大きくなるので、他の絵本や算数的な遊び、科学、微細運動の遊びよりは広さが必要になります。"活動センター"の定義を満たしていなければ、"遊び場"としてのみ評点がつけられます。"活動センター"は特定の遊びに特化しており、明確に区別されます。多少の遊具／教材があるだけで特定の活動をするにはふさわしくない場合には、それらが特定の活動の意図を損

なっていない限り評点を与えるものとします（例：その特定の遊びに必要とされているスペースをふさいでいない；不適切なほど騒々しくない）。

新・保育環境評価スケール② 〈0・1・2歳〉
評定項目と注釈

【項目一覧】

サブスケール1 ▶ 空間と家具 ─── 2
  1．室内空間　2
  2．養護・遊び・学びのための家具　4
  3．室内構成　6
  4．子どもに関係する展示　8

サブスケール2 ▶ 養　護 ─── 10
  5．食事／間食　10
  6．オムツ交換／排泄　12
  7．保健衛生　14
  8．安　全　16

サブスケール3 ▶ 言葉と絵本 ─── 18
  9．子どもと話す　18
  10．語彙の拡大　20
  11．子どもからのコミュニケーションへの応答　22
  12．子どもからのコミュニケーションの促進　24
  13．保育者による絵本の使用　26
  14．絵本に親しむ環境　28

サブスケール4 ▶ 活　動 ─── 30
  15．微細運動（手や指を使う）　30
  16．造　形　32
  17．音楽リズム　34
  18．積み木　36
  19．ごっこ（見たて・ふり・つもり）遊び　38
  20．自然／科学　40
  21．数・量・形など　42
  22．ICTの活用　44
  23．多様性の受容　46
  24．粗大運動（身体を大きく動かす）遊び　48

サブスケール5 ▶ 相互関係 ─── 50
  25．粗大運動遊びの見守り　50
  26．見守り（粗大運動遊び以外）　52
  27．子どもどうしのやりとり　54
  28．保育者と子どものやりとり　56
  29．あたたかな身体的関わり　58
  30．望ましいふるまいの導き　60

サブスケール6 ▶ 保育の構造 ─── 62
  31．日課と移行時間　62
  32．自由遊び　64
  33．集団での遊び　66

サブスケール1 ▶ 空間と家具

項目 1　室内空間＊

〈不適切〉1

1.1　全員出席時に適切な養護が行えるだけのスペースがない（例：家具が置かれて狭くなり混みあって保育者等や子どもが自由に動けない、混雑で子どもの間にトラブルが起きる）。＊

1.2　適切な採光や換気がない、室温調整ができていない、また非常に騒々しい（例：保育者あるいは子どもから温度についての不平が出る、常に騒々しく保育者等が大声になっている）。＊

1.3　全体的に修繕が不十分である（例：壁のペンキや表面素材の剥げ落ち、床の傷み、水漏れ）。＊

1.4　十分に手入れができていない（例：床がべたついているか汚れている、流しが汚れている；家具等にこびりついたしみ、清掃がない日がある）。

2

〈最低限〉3

3.1　子どもと保育者が動き、また養護・遊び・学びのための基本的な家具を置くに足りる広さがある。＊

3.2　自然光が入り採光や換気、室温が適切で、声や物音は妥当である（例：保育者と子どもが声を張り上げていない、部屋が息苦しかったり鬱陶しい感じがしたりしない）。＊

3.3　部屋はおおむね修繕が行き届いており、大きな問題がない。

3.4　部屋は適度に清潔で、家具や壁・床などの表面は清掃しやすく、手入れが行き届いている。＊

3.5　現在保育室を利用するおとなと子どもの全員の出入りに不自由がない。＊

4

〈よい〉5

5.1　子どもと保育者が自由に動き回れ、日常の決まった活動や集まり、遊びの活動にふさわしい広さがある。＊

5.2　室内で換気が調節可能である（例：窓が開く、換気扇がある、室内でエアコンが調節できる）。＊

6

〈とてもよい〉7

7.1　自然光が調節できる（例：ブラインドやカーテン）。＊

7.2　障がいのある子どもやおとなが、たとえ現在そのような人が保育室を利用していなくても、入室できるようになっている（例：必要な人が利用できる斜面や手すり付きの通路、車いすや歩行補助器の人も入室できる、呼び鈴が小さなボタンではなくプレートである）。＊

【注　釈】

＊　観察時間中に子どもが使った空間に限って評定の対象とする。一度に全員が出席したときに空間と家具が人数にふさわしいものでなくてはならない。出席者が少ない状態でちょうどよいなら、全員出席の場合にはふさわしくないであろう。全員出席の状態に基づいて評定されなくてはならない。

1.1、3.1、5.1　"スペースがない"とは、家具を置くとおとなと子どもが自由に動き回るスペースが足らない場合をさす（例：机と椅子がぎっしりとつまり、開放棚はどうにか使え、活動ごとに保育者が家具を移動させなくてはならず、保育者と子どもが場所を移動するのに身を縮めなくてはならない）。"足りる広さがある"とは、遊びと基本的な養護のための家具がほどほどに置いてあり、子どもと保育者がほとんど問題なく動けている。午睡や睡眠用のコット【訳注：簡易ベッド】やベビーベッドがあっても、遊びのためのオープンスペースが不自由ない程度にあればよい。"ゆとりのあるスペース"では、養護・遊び・学びのために必要な家具が適切に置かれている。混み合わずに個人用の物入れが室内で使える。午睡用や睡眠用の家具が置かれても遊びの場所が確保されている。ゆったりとした広さが感じられ、おとなと子どもが身を寄せるのは狭いからではなくてそうしようと思っているときである。活動センターや遊びの場の空間にゆとりがあり、子どもが集まることがあってもゆったりとした広さが感じられる。

1.2　室内空間について4つの要素がすべて揃ったときに「はい」とする。

1.3　"修繕が不十分である"とは、健康や安全が脅かされるような、最低1つの大きな問題があることをさす。この指標に関しては完全主義者になりすぎてはいけない。カーペットのささくれとか、床のタイルの欠けとか、展示物がはがされた跡が残って壁の塗料の剥げているところとか、そのような些細な問題を取り上げてはいけない。

3.2　どれか1つでも満たしていなければ「いいえ」とする。

3.4　保育中には多少の汚れは常にある。"適度に清潔"とは、毎日清掃していることがわかり、床に食べ物が落ちたり水がこぼれたりするような大きな汚れはすぐに処理されていればよい。

3.5、7.2　3.5の"出入りに不自由がない"では、現在部屋で働いているおとなと、在籍している自分で動ける子どもの全員に不自由がなければ「はい」とする。7.2については、障がいのある子どもやおとなが建物・保育室への入り口やトイレ、園庭を出入りするには一定の設備が必要になる。この最も高いレベルでは、現在その保育室に在籍または働いている人がいなくても、完全にバリアフリーであることが求められる。通路の幅は最低80cm【訳注：日本の規準】、ドアの開け閉めは手に障がいがあっても困難がなく（レバーやバーなど）、通路の段差が問題のない程度でなくてはならない。もし他にもトイレへの通路が狭い、スロープやエレベーターがなく階段だけであるなどの明らかな不便があれば7.2では評点を与えられない【訳注：日本でも公共の建物にはバリアフリーが求められている】。

5.2　換気の方法が窓／扉を開けるしかないときには、子どもが昇る危険性があるならば、窓／扉にスクリーン、バーその他の手段が取られていて適切な転落防止策がとられていなくてはならない。換気の方法がそれしかなく、防止策がとられていないなら「いいえ」である。

7.1　自然光はたいていの場合調節されなくてはならない。ただし暑すぎるとかまぶしすぎて活動に影響が出るなど特段の問題がなければよしとする。

▲5.1　自由遊びのときにふさわしい空間がある

サブスケール1 ▶ 空間と家具

項目 2　養護・遊び・学びのための家具＊

〈不適切〉1

1.1　養護のために必要な基本的家具が足らない（例：食事用、睡眠用、オムツ交換／トイレ用、子どもの私物入れ、養護に必要な消耗品の収納）。

1.2　遊びや学びのための適切な家具が足りない（例：乳児用の椅子、歩きはじめの子ども用の小さな椅子やテーブル、背の低い開放棚／かごなどの物入れ）。

1.3　家具の修理などが十分でなく、子どもがけがをしそうである（例：ソファーのばねや金具がむき出しになっている、椅子の足がぐらついている、壊れたコット）。

1.4　子どもの遊ぶところに柔らかさがない（例：敷物、クッション、柔らかい家具がない）。＊

2

〈最低限〉3

3.1　養護・遊び・学びのための家具が揃っている（例：子どもは自分の持ち物をまとめて入れておける、本／遊具／教材を出し入れできる開放棚がある）。＊

3.2　ほとんどの家具の手入れがよく、けがをする危険がない（例：ベビーベッドは基準にあっている、背の高い椅子には安全ベルトがついている）。＊

3.3　遊びに使う柔らかい家具が最低1つある（例：乳児用のマット、歩きはじめの子ども用の柔らかい椅子、敷物）。

3.4　子ども用のほとんどの椅子が、座り心地がよく、身体を支えるものである（例：必要に応じて安全ベルトか足のせ、側面か背面の支え、滑りにくい表面）。＊

3.5　障がいのある子どもに、必要な家具がある（例：一緒にテーブルにつけるような専用の仕様の椅子；トイレの手すり）。＊　*無回答可*

4

〈よい〉5

5.1　在籍児のための養護・遊び・学びのための家具が充実している（例：他の子どもの持ち物に触ることなく自分の持ち物を入れられる、乳児用の椅子、歩きはじめから2歳児用の小さな椅子やテーブル、子どもの養護を行なうときにおとなに必要な家具、遊具用の背の低い開放棚、遊具／教材等が棚に程よく収まっている）。＊

5.2　年齢の高い子どもが自分ですることを助けるような家具がある（例：流しの踏み台、子どもが自分で遊具の出し入れができる背の低い棚、立ち上がりはじめた子どもが自分でつかまって立てるようなしっかりしたテーブル）。＊　*月齢の低い子どもしかいない場合は無回答可*

5.3　あちこちに柔らかさがある（例：柔らかい敷物のエリア、子どもサイズのソファー、ふとん、大きな枕）。

6

〈とてもよい〉7

7.1　便利な家具があり、個別的な養護がやりやすい（例：年齢の低い子どもに食事の介助をするためのおとな用の椅子がある、個人用のコット／寝具には名前がつけられ定位置に置いてある、歩きはじめの子どもが大きな1つのテーブルにつくのではなく少人数用のテーブルが複数ある、乳児にはグループで食事をするテーブルではなく個人用の椅子がある）。

7.2　歩きはじめから2歳の子ども用の椅子とテーブルは、少なくとも75％の子どもにとって適切である。＊　*無回答可*

7.3　観察時間中、月齢の高い歩きはじめの子や2歳児用に、特定の活動専用の家具が最低2つある（例：ままごと用の家具、サンドテーブル、専用の本棚）。　*無回答可*

【注　釈】

＊　乳児しかいない場合は、5点までしか出ない。

1.4　この指標はベビーベッド内の布団やベビーサークルについているパッド、その他養護の家具についている柔らかいものは対象としない。

3.1　観察時間を通して、日常の養護または遊びと学びの家具が十分でなかったら「いいえ」とする。現在いる子どもに遊具／教材が足りていないために遊びには不適切な棚があるのなら評点を与えない。このレベルでは、おもちゃなどが床に置きっぱなしにならず、収納しておける背の低い開放棚、コンテナーや入れ物があれば「はい」とする（観察時間を通しておもちゃは床の上にあったとしても）。

3.2　明らかに健康を害したり安全を脅かすのでなければ、少々くたびれていたりガタがきていたりしても、遊びや学びに影響するものでなければ、通常の古び具合に対し「いいえ」としてはならない。

3.4　背の高い椅子や食事用の椅子に座っている乳児については、椅子に深く座れて足が適切に支えられていれば、必ずしも足のせは必要ではない。足のせが必要になるのは、椅子が高く浅くしか座れず足が十分に支えられない場合である。

3.5　障がいのある子どもがいなければ、「無回答」となる。

5.1　年間を通じて必要となる家具について考慮する。たとえば、夏に観察して子どもはコートを着てはいないが、子どもの物入れ等を見て冬のコートが収まりそうもないようであれば、「いいえ」とする。私物が接触して不衛生になることについては保健の項目で見る。1〜2歳は食事や遊びのときに混み合っていてはならない。おもちゃを詰め込まなくてもよい開放棚は「はい」、底が見えないくらいにコンテナーや容器におもちゃが詰め込まれていれば「いいえ」となる。

望ましい数の家具については、出席数でなく、在籍数に基づかなくてはならない。10人の子どもが在籍しているが8人しか出席しておらず、椅子が8脚しかなかったら「いいえ」になる。

5.2　乳児、1〜2歳児用の例が観察されなくては

ならない。

7.2　"子ども用サイズのテーブルと椅子"とは、椅子に座ったときに足の裏が床についており、膝は心地よくテーブルの下に収まっており、テーブルの高さは座ったときに肘の高さ以下でなくてはならない。乳児と歩きはじめの子どもが座って食事をするときには、足が支えられてブラブラした状態でないか、必要に応じて保育者に抱っこされている状態であるのがよい。年少の子どもがテーブルと椅子を使うようなら、この指標は評定されなくてはならない。

▲5.1　養護・学び・遊びのための家具が充実している／5.3　敷物、大きなぬいぐるみなど柔らかいものがたくさんある

▲5.2　手洗いのための踏み台

サブスケール１ ▶ 空間と家具

項目 3　室内構成

〈不適切〉1
- 1.1　狭くて遊びのための場所がない（例：決まった養護のための家具で床がほとんど占められている、2歳児に活動センターがない）。
- 1.2　保育者が子どもを見守ることが、しばしば困難になる室内構成である（例：別室となっている睡眠の部屋の見守りが困難である、L字型の部屋で見えない場所がある、多くの子どもがしばしば見えなくなったり保育者の声が届かなくなったりする）。＊

2

〈最低限〉3
- 3.1　決まった養護の場所と、少なくとも1つの遊べる場を区切るように家具が配置されている。＊
- 3.2　異なる経験ができるような、適切なスペースがある（例：動きの大きい遊びができる広いスペース、静かな遊びや本を見る小さくて落ち着けるスペース、造形や汚れる遊びができる掃除しやすい表面素材）。＊
- 3.3　保育者は最低限の見守りができる（例：何か問題が起きたとき聞こえてすぐにその場に行ける）。＊
- 3.4　決まった養護がしやすいように場が便利にしつらえてある（例：ベビーベッドやコットが取り出しやすい、オムツ交換台の周りに用品が取り出しやすく置いてありお湯がすぐに使える、食事の準備がしやすい）。＊
- 3.5　在籍している障がいのある子どもが、遊べる場が少なくとも1つある。＊　無回答可

4

〈よい〉5
- 5.1　乳児には少なくとも2つの遊びの場が、歩きはじめの子どもと2歳児には少なくとも3つの活動センターが設定されている。＊
- 5.2　少しの見逃しはあるにしても、子どもを常に見守れる室内構成になっている（例：室内をさっと見回すとほとんどの子どもが見える、乳児のようすを室内を回って確かめている、睡眠の場所が別になっていれば頻繁にようすを確認している）。＊
- 5.3　在籍している障がいのある子どもが、室内のどこでも遊べる。＊　無回答可

6

〈とてもよい〉7
- 7.1　保育者が、オムツ交換や食事の準備をしていたり、1人の子どもと遊んでいたりするときでもさっと室内を見渡せてすべての子どものようすがわかるような室内構成である（例：睡眠の部屋が別室でも常に見守りができる、保育者が適切に位置どりをして室内のすべての子どもが常に見守られている）＊
- 7.2　静かな遊びの場が、動きの多い遊びで妨げられることはほとんどない。
- 7.3　保育者と子ども双方の動線がよく、活動が妨げられない（例：保育者が混み合った子どもをまたいでいかない、トイレやオムツ交換のために遊びの場を通り抜けない）。
- 7.4　観察時間中はおおむね、特別なくつろぎの場は動きの多い遊びが入ってこないように守られている。＊　自分では動けない乳児だけの場合のみ無回答可

【注　釈】

1.2、3.3、5.2、7.1　これらの指標は、家具の特性や配置、部屋の形、保育者は通常室内にどのように位置どりしているかによって評定が考慮されなくてはならない。部屋の形によっては、たとえばL字型や小部屋のある場合に目の届かない場所があるかどうか、またオムツ交換の場所や食事の場所はどう構成されているかを見てとらなくてはならない。保育者の位置どりについては、グループで固まる傾向にあるのかそれとも部屋全体に散らばる傾向にあるのかについても考慮する。

3.1、3.5、5.1、5.3　"遊びの場"とは、子どもが使えるおもちゃなどが置いてある場所のことである。

3.2、7.2　乳児や歩きはじめたばかりの子どもには、活発な遊びの場所と静かに遊ぶ場所の境がわからないかもしれない。とはいえ、7.2では侵入が最小限となる室内構成でなくてはならず、保育者は静かな遊びが活発な遊びでじゃまされることがないようにしていなくてはならない。

3.4　"便利にしつらえてある"とは、保育者が子どもの世話をするときにほとんど不便さを感じなくて済むようになっていなくてはならない。たとえば、哺乳瓶で授乳するときに、子どもから目を離さずに冷蔵庫に行けるようになっているとか、養護のための家具を室外から運び込まなくてもよい、オムツと清潔な服がオムツ交換台の周りにありわざわざ離れた棚に取りに行かなくてもよい、などである。子どもの私物入れは保護者と保育者の両方に便利なようになっていなくてはならない。決まった養護を容易に効果的に行うにあたり、いくつか重大な妨げがあれば「いいえ」とする。

3.5、5.3　障がいのある子どもがいない場合に「無回答」とする。

5.1　"活動センター"とは、特定のタイプの遊びのために明確に区切られた遊びの場のことである。遊具／教材がタイプごとに組織的に置かれて子どもが遊べるようになっていなくてはならない。必要な場合は家具がある。適切なスペースがあり、子どもが特定の遊びに打ち込めるようになっていなくてはならない。たとえば積み木や活発な遊びは絵本、手や指を使う遊び、くつろぎの場よりは広いスペースが要る。これらの分類には当てはまらないものでも、遊具／教材があれば遊びの場としてカウントされることもある。

7.4　"くつろぎの場"とは相当の量の柔らかいものがあり、子どもがくつろいだり、うとうとしたり、絵本を見たり、静かに遊んだりするような場所である。たとえば、いくつかクッションが置いてある敷物や、ソファー、クッションの置いてあるマットレスなどである。くつろぎの場は、子どもが保育室で感じるような通常のストレスから完全に逃れることができるように、柔らかさが十分になくてはならない。小さな家具が1つだけあるというのではくつろぎの場にならない。たとえば、小さなクッション付きの椅子が1脚だけ、1個の子どもサイズのビーズクッション、カーペットのコーナー、それだけでは十分ではない。マットレス、長椅子、大人用のビーズバッグのように相当の柔らかさがあるときに評点を与える。

▲7.3　くつろぎの場

サブスケール1 ▶ 空間と家具

項目 4　子どもに関係する展示＊

〈不適切〉1
- 1.1　子どものための絵その他の展示がない。
- 1.2　大多数を占める年／月齢の子どもにとって不適切な内容の展示である（例：年長の幼児や小学生用の展示；子どもを怖がらせるような絵）。
- 1.3　観察時間中に、保育者は展示物について子どもと話さない。＊

2

〈最低限〉3
- 3.1　少なくとも3点の、きれいな色の写真や展示物が子どもの目につくところにある（例：写真、モビール、ポスター）。
- 3.2　展示物の内容が適切である（例：子どもの興味を引き親しめるものである、子どもを怖がらせない）。
- 3.3　1～2歳児に、子どもの作品が展示してある。＊　　*無回答可*
- 3.4　子どもの手が届く絵や写真は、保護されて破れないようになっている（例：ポスターや写真にラミネートがかけてある、子どもの作品が透明な袋に入れてある）。

4

〈よい〉5
- 5.1　たくさんの色あざやかな、すっきりした絵や写真、ポスターが保育室全体にある。＊
- 5.2　展示物は定期的に取り替えられていることが、明らかにわかる（例：季節の絵、最近の活動の写真）。
- 5.3　多くの展示物が子どもによく見えるところにあり、いくつかは手の届くところにある。
- 5.4　保育者は、展示物を指さして子どもに話しかける。＊　　*1度の観察*

6

〈とてもよい〉7
- 7.1　クラスの子どもの写真や、家族、ペット、その他身近な人の写真が、子どもの目の高さに展示してある。
- 7.2　モビールやそのほかの色あざやかな立体物が吊るしてある。＊
- 7.3　保育者が、展示物からいろいろと話を広げて子どもに話しかけている。＊　　*1度の観察*

【注　釈】

*　この項目では、子どもから見えやすい展示についてのみ評点を与える。子どもが1日の大半を過ごす保育室内にあり、見えやすい位置にあるものでなくてはならない。高い位置にあるものは、十分に大きくて内容がよくわかるものについてのみ評点を与える。写真や内容が細かいものは、子どもの目の高さにあるときに評点を与える。活動センターなどの遊具入れの棚などに貼られた絵のラベルなどはカウントしない。子どもの造形作品は、5.1以外については展示物としてカウントできる。

1.3、5.4、7.3　"展示物について話す"とは、保育者が展示物に子どもの注意を向ける、あるいは子どもが展示物に興味を示したときに応答する、ということである。保育者は展示物の内容について何か話していなくてはならず、話の内容は子どもが見ているものに関係していることが明らかでなくてはならない。たとえば、室内の近くではないところから保育者が声をかけており、たとえ子どもが展示物を見ていても、また子どもが興味を示していないようなら、評点を与えない。話すときには、物の名前を言ったり、人の名前を言ったり、数や文字、言葉、形、色などを言うときもあるだろう。7.3に評点を与えるには、たとえば、絵の中で起きていることについて話し、話題を広げ、絵の中のものを数えたり、いくつあるかを子どもと話したりしていなくてはならない。

3.3　無回答可であるのは子どもが全員1歳半になっていないときである。

5.1　"保育室全体"とは、子どもの目に入るほとんどの壁面のことである。これには高い位置と低い位置の両方が含まれる（高いところにある展示物は大きく内容がはっきりとわかるものでなくてはならない）。ごちゃごちゃと飾ってあるのではなく、子どもが特定の方向に目を向けたときに何かおもしろいものが目に入る、というようなものである。大人に必要な情報が子どもの視野に入ることは、極力避けるべきである。

7.2　2例以上が観察されなくてはならない。吊るされた立体物とは縦・横・高さがあり動かせるものでなくてはならない。花や星の切り紙のような2次元の平たいものはカウントしない。とはいえ、複数の切り紙の組み合わせや、ハンガーに花や雪の結晶が吊るされているものは立体的なモビールとしてカウントする。床にいる乳児から、モビールは全体像が見えるようになっていなくてはならない。植物が吊るされている場合、子どもからよく見えて動かせるものであればカウントする。そのほかに吊るされた立体物の典型的なものとしては、フラフープに吊るされたおもちゃ、風鈴のようなものがある。吊るされているものは相当しない（例：乳児用の椅子に吊るされたおもちゃ、ベビーベッドに吊るされているようなグループ全体には関わりのないおもちゃ）。

▲ 3.4、5.3　いろいろな写真が子どもの手の届くところに貼ってある

▲ 3.1、3.2、3.3、3.4　子どもの家族や自分の写真が額に入れて飾ってある／5.4、7.3　写真を指さして子どもに話しかけている

サブスケール2 ▶ 養　護

項目 5　食事／間食＊

〈不適切〉1

1.1　食事／間食の日課がほとんどの子どもにとって不適切である（例：赤ちゃんが長い間空腹で泣き叫ぶ）。＊

1.2　栄養のガイドラインに沿っていない、あるいは年齢に不適切な食物が出される（例：内容が不足している；アレルギーが考慮されていない；喉に詰まる危険がある）。＊

1.3　衛生的な手続きがほとんど無視される（例：手を洗わない；食べ物がテーブルやトレイの上に直接置かれる；哺乳瓶のミルクが長時間放置される）。＊

1.4　食事中の見守りがほとんどない（例：保育者は子どもの食事中に他の仕事をしている；子どもが食べ物などを持って歩き回っている；哺乳瓶から子どもが自分で飲めるようにして保育者はその場を離れる）。

1.5　食事中に保育者が厳しく、罰を与える雰囲気がある（例：きつい話し方をする；マナーに厳しい；子どもを荒々しく扱う；子どもをひとりぼっちにする）。

2

〈最低限〉3

3.1　観察時間中で、食事の時間が子どもにとって適切である（例：食事を長く待たされて泣く子どもがほとんどない；1人の子どもには遅いようだが他の子どもには支障がない）。＊

3.2　食物は、通常、基準に沿った栄養価があり、おおむね適切に提供される（例：アレルギーの子どもには除去食がある；母乳が与えられる；喉につまらない）。＊

3.3　食事が衛生的に提供できるように注意が払われる（例：テーブルの表面の消毒、流しが他の目的の手洗と共用される場合の消毒；あれこれと落ち度はあるが衛生的な食物の提供に努めている）。＊

3.4　食事中の子どもに見守りがある（例：保育者は子どもを見ているが他のことをすることもある；赤ちゃんは抱かれてミルクを飲む）。

3.5　見守りは、普通か気持ちがよく否定的なやりとりはない（例：子どもにある程度話しかけている；こぼしても怒られない；必要に応じて手助けをする）。

4

〈よい〉5

5.1　食事の時間は個別のニーズにあっており、空腹で3分以上泣くことはない（例：母乳の子どもはお腹が空いたら与えられる；1〜2歳児は食事／間食の合間に水分をとる；食べ物と哺乳瓶は常に準備が整っている）。＊

5.2　食事や間食の食べ物は適切に与えられ、栄養面の基準を満たしている（例：必要に応じて保護者が与える；母乳が与えられたり保護者が授乳したりする；アレルギーのある子どもには代替食がある）＊

5.3　小さな落ち度があれこれとあっても、衛生状態を保つことに多くの注意が払われる。＊

5.4　食事中の子どもが、全体的に見守られる（例：子どもの食事は見守られていて、保育者は問題が起きたときや子どものニーズに適切に対応する）。

5.5　食事の時間が子どもにとって楽しく、適度な学びがある（例：赤ちゃんに話しかける；食べ物の名前を言う；「もっといりますか？」など簡単な質問をする）。

6

〈とてもよい〉7

7.1　保育者は、食事中のどの子どもにも寄り添って注意を払う（例：乳児は抱かれてミルクを飲む；食事中に同じテーブルにつく）。

7.2　気持ちよく応答し、1人ひとりの子どもに話しかける（例：子どものニーズに注意深く応じ適切に応答する；必要に応じて子どもを助ける）。＊

7.3　衛生の手続きは、通常、おおむね正しく実行される（例：適切な方法で手を清潔にしている；テーブル／椅子は正しく消毒されている；オムツ交換と食事のためのシンクは別であるか、間に消毒が行われる）。＊

7.4　保育者は、子どもができるようなら自分でするやり方を教える（例：大きい赤ちゃんには自分の手で食べられる食事を用意する；子どもがスプーンやフォークを使ったり、こぼれたものを拭いたり、片付けたりする）。＊　無回答可

7.5　保育者は、食事中に数や量に関わる言葉を使う（例：クラッカーが何枚あるか数える；場面に応じて～より多い／少ない、大きい／小さいと言う）。　2度の観察

【注釈】

＊（水分補給を含む）この項目での健康と見守りについては公的な基準に基づいている。とはいえその手引きの内容すべてが含まれてはいない。この項目は3時間の観察中に観察しやすいことがらが取り上げてあり、幼い子どもの健康的な食事ができているかどうかについてのサンプルとして意味がある。

1.1、3.1、5.1　母乳育児の赤ちゃんはお母さんを待つ間に空腹で泣くなどがあってはならない。必要に応じて母乳を与える環境が整えられなくてはならない。明らかに空腹である状態が長すぎてはいけない。0～2歳の子どもには食べるか遊ぶかという選択をさせるのは不適切であり、空腹で遊ぶようなことをさせてはならない。

　水分補給が適切に行われなければならない。喉が渇いているときなどに（気温が高い、運動遊びの後、はなが出ている子どもが目立って多いとき）水分を与えていなければ、3.1を「いいえ」とする。5.1については、1～2歳児は観察時間中、1度は水分を摂取していなければならない。

1.2、3.2、5.2　栄養については公的なガイドラインに基づく。

1.3、3.3、5.3、7.3　3つの重要な要素がある：①食事の際のテーブルなどの表面が水拭きされるか消毒される、②食事の前後に手洗いなどの手の衛生がある、③汚染されていない食物が提供される。

5.2　全部の基準が満たされないと評点は与えられない。

7.2　この指標に評点を与えるには、食事中に付き添われない子どもがあってはならない。たとえば、食事／間食中に多くの楽しいやりとりがあったとしても、食べるのが遅い子どもが1人取り残されてほったらかしになるようであれば「いいえ」とする。

7.4　全員が0歳であれば「無回答」とする。

▲7.2　食事のとき、子どもに楽しく話しかける

▲7.3　食事の衛生的な手続き

サブスケール2 ▶ 養　　護

項目 6　オムツ交換／排泄

〈不適切〉1

1.1　オムツ交換／排泄の衛生面にほとんど注意が払われていない（例：正しい手洗いについてほとんど教えていない；場所が清潔でない）。*

1.2　オムツ交換／排泄の日課が適切でない（例：オムツの交換やチェックが観察時間中1度もない；オムツをしていない子どもがトイレに行くことが1度も観察されない）。

1.3　見守りが不適切である（例：トイレでの見守りがほとんどない；おとながそばにいないままオムツ交換台に寝かされている）。

1.4　子どもはしばしばモノのように扱われ、否定的な関わりがある（例：ほとんど子どもに語りかけない；子どもからのコミュニケーションに応じない）。

2

〈最低限〉3

3.1　適切な衛生条件を保とうとしている（例：子どもは清潔にしてもらう；完璧ではないがオムツ交換の台は使用後に清拭される；トイレは通常流される；完璧ではないが正しい手洗いをしようとする）。*

3.2　オムツ交換／排泄の日課はおおむね子どものニーズに合っている（例：すべての子どもが同じタイミングでオムツ交換／排泄をするが特に問題が見られない；オムツ交換／排泄はどの子どもも最低1回見守られる）。

3.3　保育者はある程度の見守りをし、明らかに危険な状況は観察されない（例：オムツ交換台の子どものそばにいる；子どもがトイレを使うのを助ける）。

3.4　保育者との肯定的なやりとりがあり、否定的なやりとりは観察されない（例：保育者はときおり子どもに話しかける；何らかの手助けをする；荒々しい取り扱いがない）。

4

〈よい〉5

5.1　適切な衛生条件が保たれている（例：ほとんどの子どもと保育者は正しい手順で手洗いをしている；通常、必要に応じてシンクやオムツ交換台が消毒される）。*

5.2　オムツ交換／排泄の日課がすべての子どものニーズに合っている（例：グループでの日課があるが必要に応じて個別に行う；2時間に1度はオムツはチェックされ、必要に応じて交換される；排泄自立に向けてトイレ・トレーニングが行われている）。*

5.3　注意深く気持ちのよい見守りがある（例：保育者はすべての子どもを視野に入れている；必要に応じて子どもの手助けをする；忍耐強い；オムツ交換が好きではない子どもにできるだけ気分がよくなるように接する；子どもがおもしろく思えるように遊びのようにする）。

5.4　子どもに何かを教えるやりとりがある（例：保育者は何をどんな目的でするかを説明する；やり方を説明して手洗いを助ける；掲示を示しながら話す；子どもの足や指を数える）。*　*2度の観察*

6

〈とてもよい〉7

7.1　適切な衛生条件がごくわずかの例外を除いて整っている。*

7.2　オムツ交換／排泄の日課がほとんど個別的である（例：保育者は赤ちゃんにオムツの交換を告げる；1〜2歳にトイレに行くかどうか尋ねる）。

7.3　しばしば、何かを教えるやりとりがある（例：手洗いをどのようにするか子どもの準備ができたときに教える；すべての子どもが話しかけられている）。*　*何人かの子どもを観察*

【注　釈】

1.1、3.1、5.1、7.1　オムツ交換の手続きについて公的なガイドラインを参照する。すべての子どもについて観察する必要はない。1例をサンプルとして判断する。保育者1人につき1〜2例を観察し、定まった方法が観察できなければ、さらにサンプルを収集する。

5.2　3時間の観察中には、どの子どもも少なくとも1回はオムツ交換／排泄が見られるべきである。必要に応じて2回以上のこともあるだろう。

5.4、7.3　"何かを教えるやりとり"には、次のようなことが含まれる：オムツ交換／排泄のようすを伝える；手洗いで何回手をこすったか数えたり身体の部分を数えたりする；掲示物を数える；子どもに歌いかける；何か質問をする；次に何があるかを話す；服の色について話したりどうやって服の脱ぎ着をするかを話す。年長の子どもであれば、適切な手洗いの方法などの詳しいことを教えたり、会話が双方向であったりするときのみ評点を与える。

▲▼3.1　清潔な状態のオムツ交換台

サブスケール2 ▶ 養　　護

項目 7　保健衛生＊

〈不適切〉1

1.1　子どものいる場所での感染予防がほとんど行われていない（例：唾液や汚れのついたおもちゃが放置される；ほとんどはなが拭かれない；室内や家具が清潔でない）。＊

1.2　手の衛生にほとんど注意が払われない。

1.3　寝具の衛生にほとんど注意が払われない（例：布団を交換しないままで同じベビーベッドで寝かされる；寝具の収納が衛生的でない）。＊　無回答可

1.4　子どもが環境リスクから保護されていない（例：殺虫剤が子どものいるところで噴霧される；子どものいるところにカビがある。

1.5　健康面でのやりとりがしばしば否定的である（例：子どもはベビーベッドの中で2～3分以上泣きっぱなしにされる；手洗いがおろそかである；子どもがおもちゃをなめるともぎ取られる）。

2

〈最低限〉3

3.1　子どものいる場所での感染予防がある（例：室内と家具はおおよそ清潔である；唾液や汚れのついたおもちゃはときおり取り去られる；必要に応じてはなが拭かれる；子どもの私物は他の子どものものと触れることがないようにしてある）。＊

3.2　必要に応じて手をきれいにする（例：手続きは完全でなくても子ども／おとなが必要なときに手洗いをする）。

3.3　睡眠時に保健衛生に注意が払われる。＊　無回答可

3.4　睡眠の日課が子どもに適切である。＊　無回答可

3.5　健康面でのやりとりが普通あるいは気持ちのよいものであり、子どもに苦痛を引き起こすような否定的なやりとりは観察されない（例：厳しく接して子どもが動転することはない；自分でやるやり方が伝えられたり教えられたりする）。

4

〈よい〉5

5.1　子どものいる場所の感染予防に多くの注意が払われている（例：室内と家具は清潔である；唾液や汚れのついたおもちゃは消毒される；はながこまめに拭かれる）。＊

5.2　手の衛生の手続きが、多少欠けるところはあっても、適切に行われるように努めている。

5.3　寝具などの状態が清潔である。＊　無回答可

5.4　睡眠の日課がすべての子どもの状況に応じている（例：疲れた1～2歳は柔軟に睡眠をとる；乳児の睡眠の日課は個別的である）。＊　無回答可

5.5　保健的な行動をとるときに、肯定的な指導が観察される（例：保育者が順番を説明しながら手洗いのやり方を教える；どうやってはなを拭くか、上着を着るかを教える；子どもになぜ保健的な行動が必要かを話す）。＊　3度の観察

6

〈とてもよい〉7

7.1　少しの例外はあるが、手洗いを含め、適切な保健衛生の手続きが行われている。＊

7.2　健康面でのやりとりが、全般的に、肯定的で子どもを尊重する姿勢がある（例：はなは速やかに優しく拭き取られ子どもはすぐに気分を回復する；動転していてもすぐに落ち着く；楽しく手洗いをする；次に何があるかが知らされている）。

7.3　保健的な行動をとるときに、しばしば、子どもは、肯定的に教えられている（例：手洗いのときに指を何本とか何秒とか数える；やり方を言葉で説明する；感染の防止やマナーについて話す；歌を歌う；名前のついた自分の寝具を見つけるのを手伝う）。＊

【注　釈】
* この項目では全般的な保健衛生や午睡時について注目する。食事／間食、オムツ交換／排泄については他の項目で扱い、この項目では対象としない。この項目で求めることは公的なガイドラインに沿うものである。必要に応じて基準を参照する。

1.1、3.1、5.1、7.1　午睡については他の指標で扱うので、これらの指標では対象としない。

1.3、3.3、3.4、5.3、5.4　たとえばコットや寝具の収納など、午睡についての手がかりがない場合は「無回答」とする。コットやマット、布団などの収納が目に入れば、1.3について判断する。3.3、5.3については、実際に寝具などがセットされているのが観察されたときに評定する。そうでなければ、「無回答」とする。

5.5、7.3　保育者と子どものやりとりが、たとえば「手を洗いに行きなさい」のように単なる指示であれば評点を与えない。やるべきことを子どもが正しく学べるように、あるいはそれが重要であるとわかるような伝え方でなくてはならない。必要に応じて、子どもの行動を見届けることもなされるべきである。

サブスケール2 ▶ 養　護

項目 8　安　全＊

〈不適切 1〉
- 1.1 室内の子どもがいる場所に、多くのハザードがあり、深刻なけがをする危険がある。＊
- 1.2 戸外の子どもがいる場所に、多くのハザードがあり、深刻なけがをする危険がある。
  　　＊　無回答可
- 1.3 観察時間中のほとんどで不適切な見守りがなされ、子どもの安全が守られていない。
- 1.4 子どもの安全についての問題が否定的に扱われる（例：家具に登るとか他児を傷つける子どもを厳しく叱る；安全のルールに外れた子どもを荒々しく扱う）。

2

〈最低限 3〉
- 3.1 室内の子どもがいる場所で、深刻なけをしそうなハザードは3件までである。＊
- 3.2 戸外の子どもがいる場所で、深刻なけがをしそうなハザードは3件までである。＊
  　　無回答可
- 3.3 室内でも戸外でも、たまに見落としがあっても、安全面の問題を防ぐような見守りがある（例：睡眠中の子どもがチェックされる；全部に行き届いていないが、室内や戸外で保育者は子どもを見回っている；泣いている子どもに応答する）。＊
- 3.4 子どもの見守りは中立的か気持ちのよいもので、過度に否定的なやりとりは観察されない。

4

〈よい 5〉
- 5.1 室内と戸外で、深刻なけがをしそうなハザードは2件までである。＊
- 5.2 子どもは、通常、保育者の見えるところにいて何かあればすぐに対応できる。
- 5.3 子どもの安全でない行動は、ほとんど、適切なやり方で止められ、大変に危険な行動は観察されない（例：ふさわしい行動をとるように仕向けられる；子どもの安全でない行動を止めるのに保育者は怒らない）。
- 5.4 保育者は、子どもが危険な行動をとらないように、なぜかについてわかりやすく簡潔に説明をしている（例：「床に降りようね、ロージィ、けがをして欲しくないから」；「友だちを押すのをやめようね、落っこちてけがをしてしまうよ」）。　　*1度の観察*

6

〈とてもよい 7〉
- 7.1 戸外と室内で、多少の小さなハザードは観察されても、大きなハザードはない。＊
- 7.2 保育者は、それぞれの責任をもち、全体として適切な見守りが行き届いている（例：1人が養護にたずさわっているときに他の保育者は遊びを見守っている；保育者は室内と戸外に位置し全部の場所が見守られている）。
- 7.3 子どもがいる場所は、安全面で問題がないようにしてある（例：保育者の見守りが容易である；過度にレベルの高い用具や設備がない；子どもが混み合わない）。
- 7.4 保育者は、全般的に、起こりうるリスクと子どもの特性を見極めて、適切な見守りを行っている（例：衝動的で自分からけがをしそうな子どもに対してはより多くの注意を注ぐ；リスクの高い遊具に対してはより近くで見守る）。

【注　釈】

＊　この項目を評定するにあたっては、公的ガイドラインを参照のこと。

1.1、1.2、3.1、3.2、5.1、7.1　子どもの育ちを刺激する環境が絶対に安全ということはありえない。したがって、この項目の意図は、その他安全を考慮すべきときと同様、ハザードを最小限にして子どもが負傷する危険をより低くし、こどもの年齢にふさわしい適切な見守りをすることにある。観察中には室内と戸外の両方の安全面でのハザードが考慮されるべきである。とはいえ、ハザードには程度がある。"大きな"ハザードとは、深刻なけがにつながる危険が非常に高いものであり、"小さな"ハザードとは、深刻なけがにはならないか、あるいは、たとえば、見守りが適切、子どもの傾向、危険性の頻度などによって、事故は起こりそうもないというものである。ハザードについては、すべての事故が起こると決めてかからないことである。そうではなく、どの程度深刻になりそうか、起こりそうかどうかを考慮することである。以下は大きなハザードと小さなハザードを比べてみたものである。

- 子どもの手が届くところに物が置かれている VS おとなだけが使い子どもの手の届かないところにしまってある。
- ハイチェアーの安全ベルトが使われていない VS 低い椅子の安全ベルトが使われていない。
- 子どもが近づける範囲にカバーがないコンセントの差し込み口があり、しかも濡れた床の上で子どもが水槽で遊んでいる VS 子どもの近づかない範囲または問題の起こりそうのないところにカバーがないコンセントの差し込み口がある。
- 濃度の濃い漂白剤のボトルについて：子どもが遊んだり食事をしたりする場所の近くに、置き去りにしてある VS 手の届かない、施錠されていない棚の上に置いてある。
- 低い登り棒について：落ちる可能性のある場所がセメントである VS 落ちる可能性のある場所には安全基準に沿った緩衝材がある。
- 往来の激しい通りに面した遊び場のフェンスについて；侵入防止のポールがない VS 一部ポールのないところがある。
- 足をはさみそうなところについて：よく使われる大型固定遊具 VS 問題が起こりそうもない場所にある門とフェンスの間。
- 木の根の盛り上がりについて：子どもが走り回りつまずくとセメントの表面に転ぶ場所 VS 子どもがめったに走らないところの地面。

1.2、3.2　安全について判断するには、園の外回りについても観察する。たとえば科学遊びや造形の場所のように粗大運動を目的とはしない場所も含まれる。観察時間中にその場所が使用されていなかったら、観察の前後に点検をしておく。子どもが小さい場合は戸外に出ないときもあるが、年長の場合もありうる。戸外の場所が使われなかったときには、1.2と3.2については「無回答」とする。

3.3　もし戸外に出なかったら、室内だけで判断する。

サブスケール3 ▶ 言葉と絵本

項目 9　子どもと話す

〈不適切〉1

1.1　保育者が、ほとんど子どもに話しかけることがない（例：保育者どうしでしか話さず、子どもにはめったに話しかけない）。

1.2　保育者の話しかけは、しばしば、否定的なものである（例：指示、厳しい、悪口、または怖がらせる）。

1.3　子どもの興味、関心、気分が見てとれるのに、敏感でない（例：子どもの興味がないことを話し続ける；子どもの活動に口出ししてじゃまをする）。

1.4　保育者は、通常、子どもから離れたところから呼びかけ、子どもは何を言われたかがわかりにくい（例：遠くから迎える挨拶をする；子どもが床の上で遊んでいるおもちゃについて、通りすがりに何か言う）。

2

〈最低限〉3

3.1　観察時間を通して、まあまあの量の話しかけがある（例：次に何をするか伝える；サークルタイムに全員に話しかける；オムツ交換のとき、昼食のときに知らせる）

3.2　保育者は、全般的に、不愉快でも否定的でもなく、中立的にあるいは肯定的に子どもに話しかける。

3.3　子どもの興味、関心、気分をある程度感じ取っている（例：保育者とやりとりをしたがる子どもに話しかける；疲れた子どもに穏やかに話しかける；子どもの注意力が続かなくなったら話を短く切り上げる）。

3.4　保育者は、ときおり、子どもに遊び心をもって話しかける（例：赤ちゃんに意味はないが響きの楽しい言葉をかける；1～2歳児に手遊びを教える；わらべ歌、歌、その他の言葉遊びをする）。＊　2人の違う子どもに対して観察される

4

〈よい〉5

5.1　観察時間を通して、遊びのときも日常の養護のときも、子どもとの気持ちのよい会話がある（例：長い間子どもにほとんど話しかけないか、何も話しかけないことがない；保育者は全員の子どもに話しかけ、明らかにその話しかけを聞いていない子どもはいない；話しかけはあたたかく、遊び心がある）。＊

5.2　子どもに対する話しかけは、その子どもに対しての親しみのこもったものであり、全員への呼びかけの一部ではない（例：保育者は遊びのときも日常の養護のときも、抱っこをしているときも、他の子どもと遊ばせるときも、子どもに何か見せるときも話しかける）。

5.3　保育者は、通常、子どもの興味、関心、気分に応じて話しかける（例：保育者は子どもが遊びたがっているときは全員への呼びかけを続けない；子どものニーズに応じて声の調子を変える）。

6

〈とてもよい〉7

7.1　子どもへの話しかけはほとんど個別的であり、回数多く、1対1のコミュニケーションがある。

7.2　観察時間を通して、回数多く、言葉遊びをしている。＊

【注　釈】

3.4、7.2　保育者も子どもも楽しそうにしていれば、評点を与える。言葉遊びは子どもの年齢が上がると変化し、年長児になるほど言葉の理解が進む。言葉遊びは、子どもが楽しそうにしていなくてはならない。子どもが嫌がっているようなものは、言葉遊びとして認めない。たとえば、1～2歳児が輪になって座り歌を歌っていても、立って他のことをしたくて明らかに楽しんでいないときは、言葉遊びとしてカウントしてはならない。または、保育者が赤ちゃんに泣くのをやめさせようと、言葉遊びをしてなだめようとしても、その赤ちゃんが不機嫌なままであったらカウントしない。3.4では、言葉遊びが、少なくとも2度の異なる場面で見られなくてはならない。7.2では、観察時間を通して、間をおいてはしばしば言葉遊びが行われていなくてはならない。決まったサークルタイムのときや1回だけ赤ちゃんとするだけではなく、時と子どもを変えて何度か行われていなくてはならない。

5.1　粗大運動遊びのときは、他のときよりは話しかけることが少なくなるにせよ、評点を与えるにはその間であっても話しかけが観察されなくてはならない。

▲5.2、7.1　秋の落ち葉のモビールを手に取り、子どもに話しかけている

サブスケール3 ▶ 言葉と絵本

項目10 語彙の拡大

〈不適切〉1
- 1.1 保育者が、子どもに対し限られた語彙しか用いない（例：ものや行動を的確に表す言葉がほとんど使われない；状況を表す言葉がほとんど使われない；「これ」「あれ」「それ」などですませている）。
- 1.2 保育者が、子どもの実際の経験に基づかない言葉を教える（例：曜日の名前を教えるのにカレンダーや歌を用いるが、子どもの経験に結びついていない；天気の言葉が使われるが、子どもの経験と結びついていない）。
- 1.3 保育者が、室内にあるものや展示物、そのほか実体験について話をしない。

2

〈最低限〉3
- 3.1 観察時間中、保育者は時々、決まった日課または遊びのなかで、人々や場所、ものごと、動きなどの子どもの経験を表す言葉を場に即して用いている（例：食事のときに食べ物の名前を言う、子どもが使ったものの名前を言う、子どものとった動きを表す言葉を使う）。
- 3.2 保育者は、通常、子どもの年齢と能力に合わせて話す（例：保育者は子どもが経験していることを言葉にする；子どもに何が起きているかを知らせる；抽象的なシンボルや観念については少しだけ関心をもたせる）。
- 3.3 保育者は、通常、室内にあるものやその他実体験について話をする（例：子どもが見ているものを指さして名前を言う；子どもが食べている物の名前を言い、どんな味がするか話す）。

4

〈よい〉5
- 5.1 観察時間中、保育者はしばしば、決まった日課および遊びのなかで、人々や場所、ものごと、動きなどの子どもの経験を表す言葉を場に即して用いている。＊
- 5.2 保育者はしばしば、子どものために言葉を繰り返す（例：ミルクを与えているときに「ミルクびん」という言葉を何回か使う；オムツを替えているときに「濡れている」と「乾いている」の言葉を何回か使う；何回か違うときに子どもが使っているおもちゃの名前を言う）。＊
- 5.3 ほとんどの話題は"今ここで"のことであるが、過去と未来の経験についての他の話題もある（例：保育者が親しい人に何が起きたかについて話す；子どもが家で経験したことについて話す；昨日外で何をしたかを話す）。　"他の話題"について2度の観察
- 5.4 保育者は、子どもが言葉を理解できるように、明らかに対比をして差を際立たせている（例：「赤いガラガラと青いガラガラ」；「あなたのシャツはピンクで、私のと同じ」；「あなたは速く行くけど私はゆっくり歩いて行くよ」；「これは大きいボール、これは小さなボール」）。　2度の観察

6

〈とてもよい〉7
- 7.1 保育者は、全般的に、いろいろな表現を使い分ける（例：ものごとのようすを表す言葉を多く使う；気持ちや、外に見えるもの、食べ物の味、「じめじめ」と「じとじと」のように複数の言い方をする）。＊

7.2　保育者は、ときどき言葉の意味を説明する（例：「それはネズミだよ……チュウチュウって鳴くちっちゃくておかしな動物だよ」；「雨は雲から落ちてくる水だよ。雨が降ると濡れるね」；「それは三角。3つの点と3本の線でできているよ」）。＊　2度の観察

7.3　保育者は、子どもに新しい言葉やアイデアを知らせるために、おもちゃ、素材、展示物などを変えている証拠が見られる（例：子どもが新しい写真を指さしている；新しい食べ物のおもちゃがありそれについて話している；季節の展示が話題になる）。＊　1度の観察

【注　釈】

5.1　評点を与えるには、聞いているだけで何について話しているかがわからなければならない。たとえば、子どもに食事を与えているときに、食べ物を見なくても何を食べているかがわかるようでなくてはならない。単純に、聞いているだけで、子どもが何をして遊んでいるか、あるいはオムツを替えているときに何が起きているかが言えなくてはならない。0～1歳児に話すときには人や動き、場所というより物の名前が多くても構わない。1～2歳児の場合はあらゆる種類の多くの言葉が聴かれるべきである。

5.2　言葉の意味を学ぶには、子どもは同じ言葉を繰り返し何度も聞く必要がある。よって、評点を与えるには、観察時間を通して、多くの言葉が何度も繰り返され、子どもの耳に入っていなくてはならない。たとえば、子どもが食事をしているなら食べ物の名前が繰り返され、遊んでいるなら遊具の名前が繰り返されなくてはならない。オムツを替えているとき、トイレのとき、外に出る格好をするときには、服についての言葉が繰り返されるべきである。

7.1　評点を与えるには、保育者が保育室内にあるものの名前を言う以上のことを言っていなくてはならない。多くの、叙述的な（ものごとのようすを表す）言葉が加わっていることが求められる。叙述的な言葉には、色、数、自然物や生き物、子どもが感じる気持ち、同じ意味を違う言葉で言い換えるなどを含めて、頻繁に使われるべきである。この実践は"いつもの"ことであり、たまにではなく、観察時間を通して聞こえていなくてはならない。もしわかりにくかったら、観察時間の30分ごとに短い聞き取りをしてそれをサンプルにするとよいだろう。あまり聞きなれない言葉が聞こえたときは、評点がわずかの例に基づいているのではないことを明らかにするために、メモを取っておくと役に立つ。

7.2　0～1歳児は、保育者が、子どもの興味をもった何かを指さして名前を言っていることがはっきりとわかったら、評点を与える。

7.3　この指標は、子どもが、保育者が新しく出してきたおもちゃや材料、展示物などによって新しい言葉に触れているかどうかによって決まる。このような新たな材料などによって、保育者は子どもが以前聞いたことがないような言葉を使うきっかけとなる。たとえば、保育者が新しいおもちゃを持ち出す、しばらく見ていなかったおもちゃを改めて出す、子どもが目下話し合っていることに関係するような展示物を指さす、などがある。このような新しい経験が少なくとも1度観察されたら、評点を与える。

▲5.4　色の違う服を着たぬいぐるみについて話をする

サブスケール3 ▶ 言葉と絵本

項目11　子どもからのコミュニケーションへの応答＊

〈不適切 1〉

1.1　子どもが泣いている、動揺していることに対し、満足な応答がほとんどあるいはまったくない（例：離れていて気づかない；泣き声を聞いても応答しない；問題の解決を放っておいて他の仕事をする）。＊

1.2　保育者が、言語的であれ非言語的であれ、子どもからの普通のコミュニケーションに対して、ほとんど興味を示さず、応答もしない（例：保育者はおもちゃを取ろうとしたり、抱っこされたがっている子どもを無視する；子どもが指さしている食べ物の名前を言わない）。

1.3　子どもからのコミュニケーションに対し、しばしば、否定的な応答をする（例：サークルタイムの場から離れようとする子どもを叱責する；他児のおもちゃを取った子どもをぐいとつかむ；泣いている子どもを相手にしない）。

2

〈最低限 3〉

3.1　子どもが動揺していることに対し、まあまあ満足な応答が観察される（例：保育者は泣いていたりぐずったりしている子どもに、問題が実際に解決される前に、口頭でなだめている；ひどく機嫌の悪い子どもに気づいて応答しているが、それほどでもない子どもは注目されない）。＊

3.2　観察時間を通して、保育者が、言語的であれ非言語的であれ、子どもからの普通のコミュニケーションに対して興味を示し、応答している（例：子どもが見せたおもちゃについてコメントする；ベビーベッドの中で立ち上がった子どもに「おや、立っちしたかったんだね」と言う）。

3.3　観察時間を通して、保育者は、子どもがものを言ったり話しかけてきたりしやすい、ゆったりした雰囲気をもっている（例：子どもを厳しく管理しようとしない；保育者は通常穏やかで肯定的である）。

3.4　保育者は、後を引かない程度の否定的な例が多少あるとしても、おおむね、子どもからのコミュニケーションに対し自然に、または肯定的に応答している。

4

〈よい 5〉

5.1　保育者は、通常、わずかな例外はあっても、泣いているまたは動揺している子どもに対し、満足な応答をしている。＊

5.2　観察時間を通して、子どもからのコミュニケーションに大いに肯定的に応答し、否定的な応答がない（例：何か問題が起きたときでもやりとりは肯定的である；子どもは保育者からの関わりで落ち着きを感じている）。

5.3　保育者は、子どもからのコミュニケーションに対し、大いに興味を示す（例：近づいて興味を示す；子どものアイデアに対し、ほほえむ、喜ぶ、関心を示すなど適切な情緒的応答をする；適切な行動をとる；室内の自由遊びの時間に保育者と子どもの会話がたくさんある）。＊

5.4　子どもが伝えようとしていることを言葉にする（例：赤ちゃんが泣いているとき「おや、お腹が空いているんだね、ミルクを持ってこようね」；1歳児が叫んだとき「マリアのお人形が欲しかったんだね。一緒にお人形探そうか」；赤ちゃんが両手を挙げているとき「抱っこかな？」）。＊　*異なる2人以上の観察*

6

〈とてもよい〉
7

7.1　保育者は、通常、子どもからの気配を察して応答している（例：子どもが空腹のそぶりを見せたら泣き出す前に哺乳瓶を温める；子どもが退屈そうにしたら活動を終わりにする）。

7.2　観察時間を通して、保育者は、一人ひとりのようすをよく見ており、子どもからのコミュニケーションに敏感に応答する（例：スプーンを赤ちゃんの口に運ぶタイミングを見はからう；じっとしていられない子どもには体を大きく動かす遊びをする）。

7.3　保育者は子どもがもっと話せるように、言葉やアイデアをつけ加える（例：子どもがおもちゃを持っていれば「青いトラックだね、タイヤがついているよ」；子どもが「バナナ」と言えば「食べる前に黄色い皮をむかなくてはね」と言う）。　＊ *1度の観察無回答可*

【注　釈】

＊　子どものコミュニケーションに応答するためには、保育者は、子どもから容易に働きかけられる範囲内にいることが多くなくてはならない。これは自分では動けない赤ちゃんにとっては特に顕著なことであり、動ける子どもについては、子どもからのコミュニケーションの試みを感じ取れるように保育者が見回っているのが観察されなくてはならない。保育者は養護のときも遊びのときも子どもからのコミュニケーションに注意を払っていなくてはならない。評定をするときに子どもからの言語的・非言語的コミュニケーションが考慮されなくてはならず、保育者はその両方に気づいているのが観察されなくてはならない。もし保育者から子どもがよく見えていないようであれば、子どもからのコミュニケーションの試みに応答しづらいであろう。

1.1、3.1、5.1　"満足な応答"とは、子どものニーズにうまく応じていることである。たとえば、子どもが空腹か退屈かでそわそわしていれば、食事を与えられるか、別のおもしろい活動に誘われなくてはならない。もし子どもが抱っこされたがっていれば、抱き上げられなくてはならない。

・3.1では保育者は最も動揺している子どもには満足な対応をしているが、必ずしも、どの子どもに対してもということはない。

・5.1では動揺している子どもは満足な応答がされなくてはならないが、待っていても困らないようであれば多少待たせることが少しはある。いくつかの場合、たとえば食に困難のある子どもや入園して間もない年長の子ども、体調の悪い子どもには、満足のいく応答は無理であるかもしれない。このような場合、子どもが不機嫌な状態が続くとしても、保育者は満足な応答を試みていなくてはならない。保育者は子どもが落ち着くようにあの手この手と試してみなくてはならないし、ときにはゆりかごに入れる、ずっと抱くなどをしなくてはならないだろう。評定のときには、子どもに満足な応答ができていないにしても、保育者がどの程度子どもを落ち着かせようと努力をしているかを考慮する。保育者は、他の保育者に助けを求めるとか、場合によればよそからの助けを求めたりしていろいろなやり方を試みなければならない。評定のときには、たとえうまくいかなくてもどれだけ努力がなされたかについて考慮する。

5.3　もし、保育者が子どもに容易に応答ができその試みを励ますほどの距離に通常はいないようであれば「いいえ」とする。保育者は一般に子どもの近くにいて、子どもからの働きかけが促進されるようでなくてはならない。もし保育者全員が作業に専念しており、子どもとの遊びに関われないとしたら、子どもはコミュニケーションを試みることができなくなり、そのような場合は評点を与えない。

5.4　評点をつけるとき、子どもの言語的・非言語的コミュニケーションの両方を考慮する。子どもがコミュニケーションを試みたら、それに対し短くても少し長くても保育者が言葉を発していれば評点を与える。

7.3　言葉の出ている子どもがいなければ「無回答」とする。保育者は子どもが言ったことに対して言葉で返していかなくてはならない。

サブスケール3 ▶ 言葉と絵本

項目12　子どもからのコミュニケーションの促進

〈不適切〉1
- 1.1 保育者は子どもと交互に話すことがない（例：赤ちゃんがバブバブと言い返すように促さない；言葉の出た子どもとの、単純な言ったり返したりが観察されない）。＊
- 1.2 保育者が子どもにする質問が、しばしばふさわしくないか、まったく質問をしない（例：答えるのがむずかしい；否定的なメッセージを与える）。
- 1.3 保育者は子どもが質問に答えられないときに否定的に対応する（例：「知ってないといけません」；「話を聞いていませんね」）。

2

〈最低限〉3
- 3.1 保育者は、ときどき、子どもとの会話をリードする（例：赤ちゃんとバブバブと言い合う；赤ちゃんの出す音を真似る；赤ちゃんが泣くのに言葉で応対する；1〜2歳児と行ったり来たりの短いやりとりをする）。＊　*3度の観察*
- 3.2 保育者は、ときどき、子どもに質問して答えを待つ（例：赤ちゃんにおもちゃが好きかどうかを尋ねて赤ちゃんが笑うかどうかを見ている；1〜2歳児に何を食べているかを尋ねて答えるのを待つ）。
- 3.3 保育者は、質問に答えられない子どもに、自然にあるいは肯定的に応答する。
- 3.4 質問は子どもにとって意味がある（例：子どもは興味をもって答える；保育者からの質問を無視しない）。

4

〈よい〉5
- 5.1 観察時間を通して、子どもとの会話をリードし子どもが話しやすいようにする（例：熱意が見られる；子どもの興味を引くような口調である）。＊
- 5.2 保育者は1人ひとりの子どもにあった質問をしたり、子どもと会話したりする（例：子どもの家族、好み、興味について話す；何で遊んでいるか；週末何をしたか；子どもの気分；子どもの名前を使う）。
- 5.3 保育者は、しばしば、子どもの言語的・非言語的質問に注意を払い、子どもに満足がいくやり方で答える。
- 5.4 保育者は、子どもが興味をもって答えられるような質問をする（例：楽しい、不思議な質問をする；魅力的な口調である；答えて意味があり、むずかしすぎない）。

6

〈とてもよい〉7
- 7.1 観察時間を通して、保育者は、回数多く、子どもと交互に話す。＊
- 7.2 観察時間を通して、養護のときも遊びのときも、子どもに適切な質問がたくさんある。＊
- 7.3 保育者は、子どもに適切な質問をし、子どもの応答を適度に待ち、その後に必要に応じて答えを示す（例：「お腹が空いているのかな？……そうだね、空いているね」；「ボールはどこかな？……あった、あなたが見つけたね」；「誰が来たのかな？……そうね、お母さんね」）。

【注　釈】

1.1、3.1、5.1、7.1　会話と質問は、たとえ小さな赤ちゃんでも、すべての子どもとなされなくてはならない。評定をするとき、会話は、言語的・非言語的に交代でなされるものであることを考慮しなくてはならない。子どもが始めるほとんどの会話や質問は、赤ちゃんが目を見開いたり、腕や手を振ったりするような非言語的なものであろう。そのような非言語的コミュニケーションに対する保育者の応答を観察しなさい。0・1・2歳児に対しては、会話を始めるのは、ほとんどの場合保育者の方の責任である。子どもの方から働きかけができるようになるにつれて、保育者は子どもが会話や質問を自分からするように少しずつ仕向けていかなくてはならない。もし子どもが答えられないようなら答えを用意しておき、子どもが応答できるようになったら、答えられるような質問から始める。

7.1　"回数多く"とは、観察時間中に何回も起こることが通常見られ、もし全部の子どもに対してでなくても、完全に無視される子どもは1人としてあってはならない。

7.2　移行のときや遊びではない集団での時間に質問があるかどうかについて、考慮してはならないことに注意する。評点を与えるには、保育者は適切な質問をしていなくてはならない。ほとんどの子どもが質問を受けているかどうかが観察されなくてはならないが、すべての子どもが数多く質問されている必要はない。たとえば粗大運動遊びのとき、子どもを昼寝でリラックスさせているときには、それほど質問することなないだろう。しかしこのようなときでも質問は観察されなくてはならない。

サブスケール3 ▶ 言葉と絵本

項目13　保育者による絵本の使用＊

〈不適切〉1

- 1.1　観察時間中、保育者は、絵本を使わない。
- 1.2　絵本の時間は不快である（例：子どもは聞くことを強制される；罰を与える雰囲気；子どもに本が見えない；子どもが反応したら妨害とみなされる；絵本を読むグループの人数が多すぎる）。＊
- 1.3　絵本の時間がおもしろくない（例：保育者の絵本の読み方が退屈であったり、興味をそぐものであったり、あるいは熱意が感じられない。
- 1.4　子どもにとって不適切な本が使われている（例：内容が怖がらせるもの、否定的な社会的メッセージを与えるもの、偏見を与えるもの；長すぎるか、むずかしすぎる；絵がはっきりしていない）。＊

2

〈最低限〉3

- 3.1　観察時間中、保育者は、少なくとも1回、子どもに絵本を読んでいる（例：大きな声で読んでいる；絵を指さしている）。
- 3.2　絵本の時間は、気持ちがよく、ほとんど否定的なやりとりがなく、子どもが楽しんでいる。保育者の否定的な行動がほとんど観察されない。＊
- 3.3　子どもは本の内容がよくわかり、内容は全般的に気持ちがよい。
- 3.4　保育者自身が絵本の内容に興味があり、楽しんでいる（例：話の筋の適切なところで笑う；絵について熱心に話す）。

4

〈よい〉5

- 5.1　観察時間中、保育者は、1人またはかなり少人数のグループで、興味をもった子どもに親しみ深く絵本を読んでいる。　*1度の観察*
- 5.2　保育者は、絵本の時間を魅力的なものにし、興味のない子どもはその場を離れることができる（例：保育者は動きをつけて本を読む；動物の絵を指さして鳴き真似をする；子どもが話に興味を示したり絵を指さしたりしたら肯定的に応対する）。＊
- 5.3　保育者は、子どものために絵を指さしてその名前を言う。　*2人の別の子どもの観察*
- 5.4　保育者は、話の筋だけでなく絵についても読んでいる。　*1度の観察*
- 5.5　保育者は、子どもと絵本を見るときに自分自身がとても楽しんでいる。

6

〈とてもよい〉7

- 7.1　保育者が、観察時間中、子どもと個別的に絵本を楽しんでいる。　*2人の子どもを違う場面で2度の観察*
- 7.2　保育者は、子どもが絵本で楽しく遊べるよう励ましている（例：赤ちゃんが絵を叩いたりページをめくったりするのを助ける；年長の子どもには質問して答えられるようにする）。　*2人の子どもを違う場面で2度の観察*
- 7.3　保育者は、ときどき、本を読んでいるときに文字を指さす。＊　*1度の観察　無回答可*

【注　釈】

* "子ども"とは１人の場合もあればグループの場合もある。"絵本を使う"とは、文字が読まれなくてもよいが、保育者は絵を指さしたり本の内容について話していたりすることを意味する。"絵本を読む"とは、子どもが途中で興味を失わない限り、文章が全部読まれることを意味する。

1.2、3.2、5.2　"絵本の時間"とはきちんとした形でもくだけた【訳注：子どもの希望に応じて】形でも、クラス全体でも小グループでも、個人的でも、絵本が使われたり読まれたりする時間のことをさす。観察時間中に絵本がどのように扱われているか、絵本はどの程度の効果を子どもに与えているかを考慮する。評点を決定する際には、子どもにとって楽しくない絵本の時間が長い、また楽しめない子どもが多い、ということは重くみる。

1.4　適切な絵本とは、手入れがよい、子どもが簡単にページをめくれる、単なる印刷物ではなく明るくきれいな絵がたくさんある、長さや文字の量が子どもの発達に応じている、暴力的あるいは脅かす内容でない、困ったときに人に暴力をふるって解決するというような否定的な社会性のイメージを与えない、偏見を示していない、などである。

5.2　子どもは絵本の時間におもしろくなかったらその場を離れてもよく、もし子どもがそうしても保育者は否定的な態度を示すべきではない。子どもが絵本の時間に楽しんでいるようなら「はい」とする。子どもは、自分にとってより生産的な経験になるような活動を選べるようにすべきである。

7.3　子どもが全員０歳であれば「無回答」とする

▲ 3.2、5.1　園庭に面したテラスに絵本コーナーがあり、外遊びのときにも絵本を読んでもらえる

▲ 5.1　個別的に絵本を読む

サブスケール3 ▶ 言葉と絵本

項目14　絵本に親しむ環境

〈不適切〉1

- 1.1　観察時間中、子どもが使える絵本がないことが明らかである（例：子どもの手の届かない高い所に置いてある；室内に見当たらない）。＊
- 1.2　手に取れる本のほとんどは適切でない。＊
- 1.3　保育者は、子どもに興味がなくても本を使わせるか、罰として用いる（例：子どもが静かに座っていられないときにグループから外して本を読ませる；けんかをした子どもに落ち着くまで本を読むように言う；ほとんどの子どもが興味を示さないのに移行時間に本を読ませる）。

2

〈最低限〉3

- 3.1　観察時間中に、子どもが使える絵本が5冊以上ある。＊
- 3.2　子どもが手に取れる絵本は、フィクション（想像）とノンフィクション（事実）の両方があり、内容が適切である。＊
- 3.3　保育者は、子どもが1人で絵本を使っていると、否定的にではなく肯定的な興味を示す（例：短く子どもと一緒に絵本を見る；子どもが絵本を自分で選んだことをほめる）。
  ＊　無回答可

4

〈よい〉5

- 5.1　観察時間中に、子どもが使える絵本が10冊以上ある（例：保育者は、自分で動けない赤ちゃんに絵本をときおり見せたりする；自分で動けない赤ちゃんでも、遊びの時間に手が届く範囲に絵本がある；年長の子どもは観察時間のほとんどで絵本を手に取れる）。＊
- 5.2　子どもは、ほとんどの本を簡単に使える（例：絵本が詰め込まれていたり山積みになっていたりしない；手に取りやすく使いやすい；動けない赤ちゃんのために床の上に置いてある）。
- 5.3　保育者は、子どもが1人で絵本を使っていると、しばしば肯定的な関心を向ける（例：本について簡単なコメントをする；絵が何であるかを言ったり、質問をしたりする）。
  ＊　無回答可

6

〈とてもよい〉7

- 7.1　観察時間中に、子どもが使える絵本が20冊以上ある。＊
- 7.2　保育者は、子どもが1人で絵本を使っていると、興味を広げるような肯定的な関わりをする（例：絵本を読んでもらいたがっている子どもに、読む；子どもの絵本についての質問に答える；絵を見ながらコメントをする）。＊　*1度の観察　無回答可*
- 7.3　絵本が取り替えられていることがわかる（例：現在の季節や興味に基づいた本がある；新しい本が何冊かある；図書室の絵本が使える）。

【注　釈】

1.1、3.1、5.1、7.1　"使える"とは、用語解説（「使用の手引き」のスケールの用語解説xi–xiv頁のこと）参照のこと。3.1では自分で動ける子どもでも自分では動けない赤ちゃんでも、遊びの時間に手に取れるようになっていなくてはならない。

1.2、3.2　絵本が適切であるとは次のようなことを意味する。手入れがよい、子どもが簡単にページをめくれる、単なる印刷物ではなく明るくきれいな絵がたくさんある、長さや文字の量が子どもの発達に応じている、暴力的あるいは脅かす内容でない、困ったときに人に暴力をふるって解決するというような否定的な社会性のイメージを与えない、偏見を示していない、などである。すべての本を点検する必要はなく、表紙とタイトルを見て判断する。子どもの手の届く本棚やその他の家具、あるいは床の上にある絵本を見る。

3.3、5.3、7.2.　3.3では、子どもが絵本を自分で手に取らないようであれば「無回答」とする。絵本が自由に手に取れる状態でありながら、自分から絵本を使おうとする子どもがいなければ、5.3と7.2は「いいえ」とする。このとき、どの子どもも支えられないと自分では座れないのであれば、「無回答」とする。

5.1、7.1　電子図書などは、子どもが自分で手に取れて、かつ操作できるものであれば認めることができる。電子図書などはアニメーションや音が出るものであってはならない。絵本として使われるか、あるいは見せてもらったり読んでもらったりするだけのものでなくてはならない。電子図書機器【訳注：タブレットなど】はその内部にコンテンツがいくら入っていても、「1冊」としてカウントする。電子機器の写真集は、子どもが自分で操作できるのであれば、7.1で「1冊のアルバム」としてカウントできる。

　7.1の指標は、ほとんどの場合は20冊の異なる選択ができる程度に絵本がそろっていることが求められるが、自分では動けない赤ちゃんが混じっている小規模な保育を行なっているところでは、数はそれより少なめでもよしとする。0歳児より1〜2歳児の方がより多くの絵本を必要とする。本の冊数を数えなくてもよい。一般的に、求めるところにまあまあ適合していることが明らかであればよしとする。

▲ 3.1　子どもの好きな虫の絵本

▲ 5.1　乳児室の絵本棚

▲ 5.1、5.2　くつろいで好きな絵本を見ている

サブスケール4 ▶ 活　　動

項目15　微細運動（手や指を使う）＊

〈不適切〉1

1.1　観察時間中、発達にふさわしい微細運動の遊具／教材が使えない。＊
1.2　保育者が、子どもが手や指を使って遊ぶことに興味を示さない。
1.3　微細運動の遊具／教材の状態が全般的に悪かったり、揃っていなかったりする。

2

〈最低限〉3

3.1　少なくとも5種類の、状態がよく発達にふさわしい微細運動の遊具／教材が使える。＊
3.2　保育者は、ときどき、子どもが遊具／教材を一緒に使うにあたっての問題を止めるために、介入する（例：取り合いのもめ事を止める；もめ事が起きた場所から子どもを離す）。
3.3　保育者は、子どもが手や指を使って遊ぶことに興味を示す（例：子どものために積み木を積む；色や形について話をする）。
3.4　難易度の異なる遊具／教材が使える（例：大小の組み合わせブロック；子どもにとって易しいものからむずかしいものまである）。＊

4

〈よい〉5

5.1　観察時間中を通して、少なくとも10種類の、状態がよく発達にふさわしい微細運動の遊具／教材が使える。＊
5.2　保育者は、通常、取り合いになったときは、肯定的な方法で問題を解決する（例：同じ別のものを使うか違う遊びに気分を転換させる；仲良く一緒に遊ぶ良い方向でないのであれば、一緒に使わなくてもよいように、すでに使っている子どもを守る）。
5.3　保育者は、子どもが微細運動の遊具／教材を使って遊んでいるときに、頻繁に話しかける（例：子どもの活動に語りをつける；形や色の名前を言う）。＊
5.4　子どもが遊具／教材を使うのに、よく組織された気持ちのよい場所がある（例：おもちゃは散らかったままではなく分類されている；敷物かテーブルがあり、活動センターか遊びの場所となっている；行き来のある場所で使われていない）。

6

〈とてもよい〉7

7.1　観察時間中を通して、10種類以上の、状態がよく発達にふさわしい微細運動の遊具／教材が使える。＊
7.2　保育者は、子どもが遊具／教材で何を作ったり、何をしたりしているかについてさらに興味を示す（例：子どもと遊び心をもって教材／遊具で一緒に遊ぶ；何を作ろう／しようとしているのかについて会話をする；子どもの興味に沿って、適度に挑戦できる遊具／教材を選ばせる）。　*2人の別の子どもへの観察*
7.3　保育者は、概念を理解するのを助けるために、コメントや質問をする（例：子どもと遊具／教材の数を数える；ガラガラの音、遊具／教材の色・形・大きさに気づかせる）。
2人の別の子どもへの観察

【注　釈】

* 組み合わせるのではないレンガ積み木については この項目では扱わず、項目18〈積み木〉で扱う。 何でも口に入れるような年齢の子どもに小さなも のを使わせてはならない。造形材料はこの項目で は扱わず、項目16〈造形〉で扱う。

1.1、3.1、5.1、7.1　"使える"については用語解説 を参照。適切な微細運動のための遊具／教材には 以下のようなものがある。
- 0歳児：つかむおもちゃ、箱パズル、組み重ね カップ、中身の出し入れで遊ぶおもちゃ、手触 りが楽しめるおもちゃ、クレイドルジムなど。
- 1〜2歳児：形の分類ゲーム、大きなビーズの 紐通し、大きなペグ・ボード（釘さし）、簡単 なパズル、輪の積み木、積み重ねるおもちゃ、 デュプロなど。

3.1、5.1、7.1　同じ種類のものであれば、たとえ複 数あっても1個とカウントする。たとえばビー ズ・メイズや紐通しセットが複数あっても、1個 とする。

3.4　遊具／教材の全般にわたって、難易度の異な るものが見られる、ということである。たとえ ば、大きなペグ・ボード、ジグソーパズルなどで 易しいものからむずかしいものである。難易度が 異なるものは同じものとはみなさない。

5.1　子どもが5人以上いれば、さらに選択できる ことが求められる。

5.3　"話しかける"とは、保育者が、子どもが遊具 ／教材を使って何をしているか（例：組み立て、 紐通し、集める）、あるいは遊具／教材そのもの （例：名前を言う、色や大きさで区別する）につ いてコメントすることである。コメントは短いも のも、長いものもある。"頻繁に"とは、子ども が手や指を使って遊んでいるときに、たまたまで はなく、いつもそうしているようでなくてはなら ない。

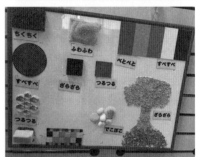

▲ 1.1、3.1、5.1、7.1　ビニールの紐を、ビニールの筒に通す（上）、 さまざまな感触が経験できるボード（中）、紐通しで遊ぶ（下）

サブスケール4 ▶ 活　動

項目16　造　　形＊

〈不適切〉1

1.1　観察時間を通して、18か月以上の子どもが、適切な造形活動をしなかったり、造形の用具／材料を使えなかったりする。＊

1.2　有毒な、あるいは安全でない材料が使われている（例：シェイビングクリーム；油性マーカー；マーカーのキャップ、小さなビーズ、粒状の発泡スチロール）。＊

1.3　保育者は、子どもが造形の用具／材料を使っているときに、見守りをしていない（例：保育者が混乱や誤った使用を予防する手立てを取らない；用具／材料が使えることを伝えないまま、長い時間それらを放置している）。

2

〈最低限〉3

3.1　2歳以上の子どもには、少なくとも1つの描く材料が使えるようになっている（例：使える状態の適切な量がそろったクレヨンやマーカーと紙など）。＊　無回答可

3.2　造形活動を強制されず、他の活動も用意されている。＊

3.3　保育者の見守りがあり、用具／材料を使うときの問題がないようにしている（例：他児の造形活動をじゃましない；混乱させる；誤った使い方をする）。

3.4　保育者が、子どもが使っているものの色を言う（例：「それは赤いクレヨンですね」）。　*1度の観察*

3.5　子どもが制作中のものや展示物に、何らかの個性的な表現がある（例：子どもは例示されたものの真似をするように言われない；好きな絵が描ける）。＊

4

〈よい〉5

5.1　観察時間を通して、2歳以上の子どもには、少なくとも1つの描く材料が使えるようになっている。＊　無回答可

5.2　造形の用具／材料が使われるときは、子どもの年齢と能力に応じ、そばで注意深い見守りがある。

5.3　保育者は、子どもの作品について短く話をする（例：「何を書いたのですか」；「あなたの書いた赤い丸が好きですよ」）。　*2人の別の子どもに対しての観察*

5.4　ほとんどの造形活動は、子どもが自分のやり方でできるようになっている。＊

6

〈とてもよい〉7

7.1　保育者は、造形活動のなかで、色や形、大きさの違いというような概念を子どもに知らせている（例：「こっちの絵筆の方が大きいから、太い線が描けるでしょう？」；「この鉛筆は赤くてあなたのシャツの色みたいですね」）。　*1度の観察*

7.2　保育者は、言ったり実際にやって見せたりして、用具／教材の使い方を教えている（例：ねんどは食べるものではないと説明する；ねんどを丸めたり伸ばしたりしてみせる；絵の具の色の名前を言う；絵筆の使い方をやってみせる）。　*1度の観察*

7.3　保育者は、子どもの作品について、個別的にその子どもに応じた話しかけをしている（例：「ここで赤を使って、ここでは青を使ったから、混じったところは紫になっているよ」；「たくさん丸を描いたね、どうやったら丸く描けるの？」；「絵についてお話して」）。　*2人の別の子どもに対しての観察*

7.4　保育者は、興味を示した2歳以上の子どもの作品について、子どもから聞き取り、表題として付ける（例：「ボールって言ったから書いたよ。こうすればお父さんが読んでくれるよ」）。＊　無回答可

Horitsubunka-sha Books Catalogue 2025

法律文化社 出版案内 2025年版

✦ 講座 情報法の未来をひらく:AI時代の新論点 [全7巻]

山本龍彦 監修

ポストAI時代における法学のパラダイムシフトを牽引する――

第7巻 安全保障
石井由梨佳 編　　4290円

情報法における安全保障上の脅威への対応はどうなされるべきか。法的基盤となる価値、原理の実現と、実態とのギャップを克服するためには何が必要とされるのかを問う。

▶2025年度内刊行予定

- 第1巻 **ガバナンス**　稲谷龍彦 編
- 第2巻 **法**　松尾 陽 編
- 第3巻 **プライバシー**　音無知展・山本龍彦 編
- 第4巻 **プラットフォーム**　成原 慧 編
- 第5巻 **表現の自由**　水谷瑛嗣郎 編
- 第6巻 **経済・金融**　藤谷武史 編

法律文化社　〒603-8053 京都市北区上賀茂岩ヶ垣内町71　TEL075(791)7131　FAX075(721)8400
URL:https://www.hou-bun.com/　◎価格税込

法律

もっと問いかける法哲学 2750円
瀧川裕英 編

史料からみる西洋法史 [HBB+] 3080円
宮坂 渉・松本和洋・出雲 孝・鈴木康文

大学の自治の法理 8250円
齊藤芳浩 著

二一世紀の平和憲法 7920円
○改憲論批判と平和・人権保障の展望
憲法研究所・上田勝美 編

アメリカ合衆国憲法体制と連邦制 12100円
○形成と展開
澤登文治 著

こうして勝ち抜いてきた税務争訟の闘い方
○調査立会・不服申立て・訴訟
山本洋一郎 著／三木義一 聞き手 4400円

民法総則ベーシックス 1430円
○CASE&Qから学ぶ
石上敬子・大川謙蔵・宍戸育世・下村信江・長谷川義仁・福田健太郎・松久和彦 著

ヨーロッパ契約法 〔第2版〕 14300円
ハイン・ケッツ 著／潮見佳男・中田邦博・松岡久和・長野史寛 監訳

考える保険法 3190円
○制度趣旨から見直す重要論点
吉澤卓哉・原 弘明・山下徹哉・野口夕子 著

刑事政策をつかむ 2640円
松原英世・平山真理・森久智江・前田忠弘 著

『監獄の誕生』と刑罰学の言説 7040円
赤池一将 著

EU基本権の体系 4290円
中西優美子 著

政治

ジェンダー・クオータがもたらす新しい政治 4620円
○効果の検証
三浦まり 編

政治思想史 3190円
○西洋と日本の両面から学ぶ
長谷川一年・竹島博之・萩原 稔・望月詩史・村田 陽 著

冷戦史 [Houbun World History 1] 3850円
○超大国米ソの出現からソ連崩壊まで
益田 実・齋藤嘉臣 編著

はじめて向きあう韓国 2310円
浅羽祐樹 編

縮減社会の管轄と制御 5940円
○空間制度における日本の課題と諸外国の動向・手法
内海麻利 編著

公務員による汚職・不祥事 4950円
○処遇の変化が不正行為に及ぼす影響
米岡秀眞 著

公務員の人事制度改革と人材育成 5390円
○日・英・米・独・中の動向を踏まえて
坂本 勝 著

入門SDGs 3300円
○持続可能な開発の到達点と2030年への課題
高柳彰夫・須藤智徳・小坂真理 編著

平和学・平和研究

高校地理・公民科 国際平和を探究するカリキュラム
○国連を超えて
野島大輔 著 2200円

経済・経営・産業

中国機械産業の技術発展戦略 4950円
○工作機械・建設機械分野を中心に
韓 金江 著

現代アメリカ医療政策の展開 6160円
○ポストコロナへの軌跡とバイデン政権
高山一夫 著

生産マネジメント論 3080円
具 承桓 編

日米グローバル経営史 2970円
○企業経営と国際関係のダイナミズム 西村成弘 著

社会学・社会問題

「音」と「声」の社会史 3080円
○見えない音と社会のつながりを観る 坂田謙司 著
[書評掲載(『朝日新聞』2024年5月18日号)]

新自由主義時代のオーストラリア多文化社会と市民意識
○差異を超えた新たなつながりに向けて
栗田梨津子 著 5500円

家族と病い [〈家族〉のかたちを考える②]
比較家族史学会 監修／田間泰子・土屋 敦 編 5940円

ツーリズム・リサーチメソッド入門 3190円
○「観光」を考えるための道案内 遠藤英樹 編著

自動運転車の責任は誰にあるのか 3740円
○新技術をめぐる過失割合の検証 岡本満喜子 著

神と妖怪の防災学 3190円
○「みえないリスク」へのそなえ 髙田知紀 著

日本の内航海運と事故防止 6490円
○事業者の安全への取り組みと国の制度 竹本七海 著

【注 釈】

* 全員の子どもが18か月未満で、造形活動が観察されなかったら、この項目は「無回答」とする。もし0歳児で造形活動があれば、何項目かについては「無回答」があるにせよ、評定を行う。もし18か月以上の子どもがいるのに造形活動が見られない場合は1.1が「はい」になり、3.5、5.4、7.4は現在の展示物などの状況を考慮できるが、その他についてはすべて「いいえ」となる。

1.1、3.1、5.1 "使える"については用語解説を参照のこと。子どもにとって適切な用具／材料には以下のようなものがある。クレヨン、水彩マーカー、絵筆、指絵の具、ねんど、手触りの異なるコラージュの材料。用具／材料は単純なものであるべきだ。食べ物（プリンや乾物パスタ、ポップコーンのようなもの）を造形の材料として与えてはいけない。なぜなら、食べ物についての誤ったメッセージを受け取ってしまうからである。活動のなかで食べ物を扱う際に予想される健康（衛生の問題）、安全（例：誤飲）、見守りのあり方については、項目7、8および26でも扱う。

1.2 もし有毒なあるいは危険なものが少しでも造形の材料として観察されたり子どもが使えたりするようであれば、その他のほとんどのものは無害で安全であるにしても、「はい」とする。クレヨン、チョーク、ねんどのなかには「3歳未満の子どもには奨められない」と表示されたものがあるかもしれない。「有害」と表示されていない限り、幼い子どもが使うこともあるかもしれないが、その場合は細心の注意を払って見守りがなされなくてはならない（保育者の手の届く範囲に子どもがおり、ごく近くで見守る）。それらは子どもが勝手に使えるようになっていてはならない。細いクレヨンより太いクレヨンを使うように、安全上の問題が起こらないようにしなくてはいけない。食べ物の匂いがするような材料も避けるべきである。造形の用具／材料は18か月以上になってから使わせるものであり、その場合も材料を口に入れるだけで造形の材料としては扱えないような子どもであれば、他の活動に関心を向けさせるべきである。展示物だけ見て造形の材料について推測してはならない。

3.1、5.1、7.4 もし全員2歳未満なら「無回答」とする。

3.2 もし子どもが進んでしようとはしなかったが、しっかりと励まされて（強制ではなく）活動に参加し、そのうちにおもしろくなって楽しみだすようであれば「はい」とする。活動に参加したものの、楽しめず、何度も促され、他の活動が用意されていないのであれば、「いいえ」とする。活動が楽しめないようであれば、他のことをしてもよいのでなくてはならない。

3.5、5.4、7.4 保育者の言動に加え、現在の展示物の状況が考慮されなくてはならない。

▲3.5 子どもの個性的な表現がある

サブスケール4 ▶ 活　　動

項目17　音楽リズム＊

〈不適切〉1
- 1.1 音楽リズムを子どもがまったく経験しない（例：歌うことがない；CDなど聞くことがない；まったく楽器を使えない）。
- 1.2 観察時間中のほとんどに大きなBGMが流れており、進行中の活動を妨げている（例：静かな活動のときも音楽が流れ続けている；すでに騒がしい部屋で音楽の音量が上げられる；保育者や子どもが音楽に負けないように声を張り上げている）。
- 1.3 観察時間中に、きちんとした形でもそうでない形でも、保育者が子どもと歌を歌う姿が見られない。＊

2

〈最低限〉3
- 3.1 子どもは、少なくとも3個の発達にふさわしい音楽の遊具／教材が使える（例：簡単な楽器、おもちゃ、ガラガラ；音楽の遊具；CDプレイヤーなど；適切な音楽が流れるラジオ）。＊
- 3.2 BGMは他の活動を妨げていないか、使われていない。＊
- 3.3 何らかのリズム遊びやダンスが観察される（例：手遊び；音楽に合わせて手を叩いたり身体を動かしたりする）。
- 3.4 保育者主導の、集団での音楽活動は心地よいものでおおむね全員が楽しんでいる。＊　無回答可

4

〈よい〉5
- 5.1 観察時間中を通して、少なくとも10個の音楽の遊具／教材が使える。＊
- 5.2 音楽やリズムの活動が、1人ひとりに応じたものである（例：眠い子どもに子守唄が歌われる；保育者が、子どもと1対1で手遊びをしている；子どもの第1言語で歌う；子どもが手を洗うときに手洗い歌を歌う）。　1度の観察
- 5.3 子どもは、興味がなければ、全員の音楽の活動に参加しなくてもよく、他の活動ができる。＊　無回答可

6

〈とてもよい〉7
- 7.1 2歳以上の子どもが、観察時間を通して、年齢にふさわしい楽器を使える。＊　無回答可
- 7.2 保育者は、音楽の形に子どもの関心を引く（例：韻を踏んでいる歌詞に気づかせる；テンポの速い／遅い；保育者は歌詞とつながった手遊びをして動きと音楽を結びつける；ゆっくりした音楽のときにはゆっくりした動き、速い音楽のときには速い動きをするように励ます）。　1度の観察
- 7.3 音楽やリズムの活動が、現在クラスでの活動のテーマや話題になっていることに関係している（例：祝日の音楽；動物がテーマの活動をしているときに動物の動きをしながら動物の歌を歌う）。

【注　釈】

*　この項目は、音楽の遊具/教材、楽器、CDなどの再生音楽、歌、リズム遊びなど、どのような音楽の経験が観察されたかに基づいて評定される。特別に音楽講師がいれば、保育者とみなす。

1.3　計画された全体での活動の典型として、きちんとした形で歌うことがある。そうでない形には、活動の流れで自然に、また赤ちゃんに食べさせたり、寝かしつけたりするときに歌が歌われる。

3.1、5.1、7.1　"使える"については、用語解説参照。音楽の遊具/教材にはガラガラやベル付き積み木、音の出るおもちゃ（ビージーボックスなど）も含まれる。また、7.1の楽器も含まれる。楽器には、太鼓、シロフォン、トライアングルやマラカス、手首ベル、カスタネットなどの伝統的な打楽器がある。どの楽器も、演奏するのに必要な小物がそろっていなくてはならない。たとえばシロフォンや太鼓、トライアングルのバチやスティックが揃っていて、音を出せるように整っていなくてはならない。もし保育者が音楽を再生するのなら、これは子どもが使える1つの教材としてカウントする。それぞれ条件の整った楽器や遊具について1個とみなす。

3.2　保育者が本を読んだり歌ったりするときに、関係のない音楽が流れていないようであれば、「はい」とする。BGMが大きすぎて部屋中に響き、他の人と話そうとすれば声を大きくしなくてはならなかったり、他の活動を妨げたりするようではいけない。

3.4、5.3　もし、保育者主導の音楽活動が観察されなければ、「無回答」とする。この項目については、子どもが参加することを期待して集団の音楽活動が保育者主導で行われる。音楽活動は全体か小グループで行われるだろう。もし子どもがしっかりと励まされて（強制ではなく）活動に加わり、すぐにおもしろくなって活動を楽しんでいるようなら、「はい」とする。もし子どもが活動に参加したものの、楽しめず、何度も促され、他の活動が用意されていないのであれば、「いいえ」とする。活動が楽しめないようであれば、他のことをしてもよいのでなくてはならない。保育者がかけているBGMは、全員の子どもが聴いていても、保育者主導の音楽活動とはみなされない。

7.1　全員が2歳未満であれば「無回答」。

▲ 3.1、5.1、7.1　ビージーボックス（左）、手首ベル（右）

▲ 3.1　シロフォン、ベル、小さな楽器など

サブスケール4 ▶ 活　動

項目18　積み木＊

〈不適切〉1
- 1.1　観察時間中、子どもの使える積み木がない。＊
- 1.2　保育者は子どもの積み木遊びや構成遊びにほとんど興味を示さない（例：自分で動けない赤ちゃんの近くに積み木を置かない；積み木遊びを励まさない；けんかを止めるか間違った遊び方をしたときだけ声をかける；積み木で作ったものについて子どもに話さない；子どもが積み木遊びをしないようにする）。＊

2

〈最低限〉3
- 3.1　子どもの使える積み木がある。＊
- 3.2　2歳以上の子どもに、積み木の付属品が5個以上ある。＊　　無回答可
- 3.3　保育者は、子どもが積み木を使っているときに肯定的な関わりをする（例：けんかは止める；子どものそばで積み木を積む；子どもが積んでいるときに肯定的なコメントをする）。＊

4

〈よい〉5
- 5.1　観察したどの年齢の子どもも積み木が使える。＊
- 5.2　積み木とその付属品はタイプによって分けてある。＊
- 5.3　1～2歳には特定の積み木センター（コーナー）が設けられ、床は積み木を積むのにふさわしい表面で、収納もできる（例：平たい敷物やその他のしっかりした表面；行き来のない場所）。＊　　無回答可
- 5.4　保育者が、積み木に興味をもっている子どもと話す（例：赤ちゃんとは積み木で何をしているかを話す；年長の子どもには何を作っているか尋ねる；積み木がどのように崩れるか話す）。＊　　2人の別の子どもの観察

6

〈とてもよい〉7
- 7.1　5.1で示した積み木は、観察時間を通して使える。＊
- 7.2　1～2歳児が大きく体を動かして遊べる広い場所で、大型積み木が使える。＊　　無回答可
- 7.3　保育者は、積み木遊びに関連する年齢にふさわしい概念について、子どもが興味をもつやり方で話す（例：積み木を色や形で比べる；積んだものについて、高い／低い、大きい／小さい、広い／狭いなど；積んだり片付けたりするときに、積み木の数を数える；固い／柔らかいなどの積み木の手触りについて話し合う）。＊　　1度の観察
- 7.4　保育者は、どういうものかを話しながら、塔、道、橋のような簡単な構造物を作ってみせる。　　1度の観察

【注　釈】

＊　この項目はどのようなタイプや大きさであれ、組み合わせるブロックについては考慮しない。

1.1、3.1、3.2、5.1、7.1、7.2　"使える"については用語解説を参照のこと。積み木の種類には、柔らかい積み木、多様な大きさ・形・色の軽い積み木、大きなダンボール製のもの、組み合わせの積み木、アルファベット積み木や机上用の小さいサイズの積み木などがある。小さなキューブの飲み込む危険があるものはカウントしてはならない。

1.2、3.3、5.4、7.3　積み木で遊ぶ子どもがおらず、保育者が積み木で遊ぶように励ましていないようなら、1.2が「はい」となり、3.3、5.4、7.3は「いいえ」となる。自分で動けない赤ちゃんに積み木遊びを励ますのは、観察中のどこかで、赤ちゃんの手の届く範囲内に積み木を置くことなどで見て取れる。

3.1、5.1　積み木の量については、子どもの年齢と発達段階により適度な量が異なってくる。まだおもちゃをつかめない小さい赤ちゃんであれば、ほんの数個あればよく、積み木の特性を経験することができればよい。ものに手が届きつかめるようになった赤ちゃんなら、より多くの積み木を必要とするだろう。自分で動ける子どもや、積み木を積んだり並べたりできる子どもの場合、3.1では同じタイプで6個以上が必要になる。5.1では、2歳児なら、積み木が足らずに競争できなかったり不満が生じたりすることがないように、子どもが自分の能力に応じて1人で積み上げるのに足りる量が必要になる。

3.2　"付属品"は、積み木遊びのなかで使うおもちゃのことである。2歳以下の子どもの場合は求めなくてもよいが、5個以上の付属品が使えるようなら、評点を与える。付属品は積み木遊びをおもしろくするものであって、気をそらすものであってはならない。付属品のタイプは、①小さな人、②車、③動物、④その他、道路標識・塀・木・小さな建物のように、積み木遊びをおもしろくするものがある。もし全員が2歳以下で、5個の付属品が見られなかった場合は「無回答」とする。

5.2　評定をするには、積み木や付属品が子どもの遊んでいる最中に広げられているときではなく、収納されているところを見る。2歳以上の子どもであれば、組み合わせ積み木は低い開放棚に、形によって分類されて収納されているべきである。付属品は2歳未満の子どもには求められない。もし付属品があれば、組み立て積み木と同じように分類されて収納されていなくてはならない。完全を望むものではないが、この指標の内容に沿って、よく組織化されていなくてはならない。

5.3、7.2　5.3では、用語解説の"活動センター"を参照のこと。子どもが全員18か月未満なら、「無回答」とする。

5.4　保育者は、子どもの年齢と理解の程度に応じて適切に話さなくてはならない。もちろん、すべての子どもに対して、積み木という言葉を最低限使い、子どもが積み木で何を経験しているかについて話さなくてはならない。たとえば、保育者は「積み木を拾いましたね」と言うかもしれない。子どもの言語能力が進むにつれて、「別の積み木の上にもう1つ積みましたね」などのように言葉を増やし、より複雑な表現がなされるべきである。

▲ 3.1　乳児用の積み木

▲ 3.2　積み木だけでなく、付属品があり、組み合わせて遊んでいる

サブスケール4 ▶ 活　　動

項目19　ごっこ（見たて・ふり・つもり）遊び＊

〈不適切〉1

1.1　子どもが使える、ごっこ遊びのための教材/遊具がない。＊
1.2　保育者は、普通、子どものごっこ遊びに興味を示さない（例：ごっこ遊びに誘わない；自分からは動けない子どものそばに、おもちゃの携帯電話、人形、動物などを置かない；1〜2歳児が人形を抱っこしていても無視する；2歳児が料理したり子どもを寝かしつけたりするふりをしても何も話しかけない）。＊

2

〈最低限〉3

3.1　人形、ぬいぐるみの動物を含め、少なくとも4個の年齢にふさわしいごっこ遊びのおもちゃが使える。＊
3.2　子どもは、ごっこ遊びの教材／遊具を使って、日常生活を再現して遊べる（例：家事、仕事、乗り物）。
3.3　保育者は、ごっこ遊びを見守っており、いざこざや危険な行為は止める。＊
3.4　保育者は、子どもがごっこ遊びのなかで触ったものやしていることについて、名前を言ったりそれがどういうことかを言ったりする。＊　*2人の別の子どもへの観察*

4

〈よい〉5

5.1　観察時間を通して、量も種類も多いごっこ遊びの教材／遊具が使える。＊
5.2　1〜2歳児には、扮装用の服や小物がある（例：帽子、バッグ）。＊　*無回答可*
5.3　1〜2歳児のためのごっこ遊びのセンター（コーナー）があり、種類ごとに遊具／教材が整理されており、子どもサイズの家具がある。＊　*無回答可*
5.4　保育者は、子どもがごっこ遊びに熱中しているときに、肯定的に関わり、決して否定的に関わらない（例：服を着るのを手伝う；遊具などをどう使うかやってみせる；遊びについて話す）。＊　*2人の別の子どもへの観察*

6

〈とてもよい〉7

7.1　ごっこ遊びのなかに、多様性をはっきりと表す例が少なくとも4つある（例：異なる人種／文化の人形；異なる文化の人や障がい者が使う道具；異なる文化の食べ物や服装）。＊
7.2　1〜2歳児には、戸外やその他広い場所で、より活動的な意味のあるごっこ遊びができるような遊具／教材がある。＊　*無回答可*
7.3　保育者が、頻繁に子どものごっこ遊びに加わり、適切に言葉を加える（例：子どもが始めたごっこ遊びに、遊びがもっと楽しくなるような関わり方をする；子どもの第1言語が保育室で使われている言葉と異なるときに両方の言葉で言う）。＊　*3人の別の子どもへの観察*

【注　釈】

*　1〜2歳児にとって、ごっこ遊びの遊具／教材は、子どもにとって意味のある遊びを生み出し、小道具を組み合わせて遊びを楽しくするものでなくてはならない。たとえば、おもちゃの鍋があるなら、かき混ぜ用のおたま、鍋の中に入れる食べ物が必要になる。もしおもちゃのブラシがあるのなら、髪の毛をとかすふりをして遊べるように赤ちゃんの人形があるべきだ。ベビーカーに乗せる人形、またショッピング・カートに入れるようなアイテムも同様である。もし園庭に小屋があれば、その家の中で使えるようなものがなくてはならない。

1.1、3.1、5.1、5.2、7.1　"使える"については用語解説を参照のこと。ごっこ遊びの遊具／教材の例には以下のようなものがある。
- 0歳児：柔らかい人形、柔らかい動物、鍋やフライパン、おもちゃの電話、小さな人のフィギュア、おもちゃの食べ物、動物のフィギュア、おもちゃの車、帽子、バッグ。
- 1〜2歳児：簡単な扮装用の服、子どもサイズの家具、料理／食べ物の小道具（例：鍋、フライパン、さら、コップ、おもちゃの食べ物）、人形、人形の家具、柔らかな動物、付属品のついた建物のおもちゃ、おもちゃの電話、小さな人形のフィギュア、動物のフィギュア、おもちゃの車）。

1.2、3.3、3.4、5.4、7.3　もし子どもがごっこ遊びをしておらず、かつ、保育者がごっこ遊びに誘っていないようなら、1.2は「はい」、3.3、3.4、5.4、7.3は「いいえ」になる。自分では動けない赤ちゃんの手が届くところに遊具／教材を置いて、ときおり指さして名前を言うことも単純なごっこ遊びとなる。

5.1　"量も種類も多い"とは、先に年齢別に挙げたような遊具／教材がたくさんあることが容易に見て取れ、全部を網羅し、それぞれが2つはあることを意味する。子どもが選べて、取り合いがあるとしてもごく稀である程度には、たくさん揃っていなくてはならない。

5.2　"扮装"とは子どもがふりをして遊ぶのに使える服のことである。脱ぎ着が簡単で安全面の問題がないものでなくてはならない（例：バッグや袋物の紐は子どもの首に絡まない程度の長さであり、ネックレスやスカーフは使わず、ドレスやズボンは裾を踏んで転ばないように短いものでなくてはならない）。多少あればよい。0歳児しかいなければ「無回答」とする。

5.3　ごっこ遊びセンター（コーナー）は、1〜2歳児が身近にいる大人の真似をして"お世話遊び"をする機会になる。もし1〜2歳がいなければ、「無回答」とする。

7.1　例となるものは多様性を対照的に示すものでなくてはならない。たとえば、アジア系の人形が1個あるだけでは例としてカウントしないが、他の人種の人形が一緒にあるときに1つの例としてカウントする。おもちゃの食べ物や扮装をカウントするときは、2種類のそれぞれ別の文化を表しているものがあるときに1つの例としてカウントする。特定の文化を表すものと一般的なものを組み合わせて1例としない。たとえばピザ（イタリア）があればタコス（メキシコ）あるいはスシ（日本）がなくてはならず、普通の野菜や果物という一般的なものと一緒にはしない。重複して数えないようにする。

7.2　もし12か月未満の子どもだけならば、「無回答」とする。園庭や室内の身体を動かして遊べる場所を観察する必要があれば、そこにごっこ遊びの遊具／教材があるかどうかを調べる。

▲ 3.4、5.4、7.3　保育者と一緒に洗濯ごっこをする

サブスケール4 ▶ 活　　動

項目20　自然／科学＊

〈不適切〉1
- 1.1 適切な自然／科学の絵や写真、絵本、本物そっくりのおもちゃがまったく使えない（例：動物は漫画か、かわいいキャラクターものしかない）。＊
- 1.2 戸外か室内で、自然を経験する機会がない（例：木や草に触れたり、鳥の声を聞いたりすることがない；室内に植物がなく小動物などがいない；貝殻など自然物に触れることがない）。
- 1.3 保育者が、自然界のことについて興味を示さなかったり嫌っていたりする（例：子どもが自然界のことに興味を示しても無視する；子どもが虫を見つけて知らせると怖がったり嫌ったりする；天気の状況を指さすなどして自然の出来事に気づかせることがない）。

2

〈最低限〉3
- 3.1 適切な自然／科学の絵や写真、絵本、本物そっくりのおもちゃが使える（例：怖がらせない、はっきりと動物の姿がわかる写真；本物を再現したような動物のおもちゃ）。＊
- 3.2 室内外のどちらかで、自然を経験したり、観察したりする機会がある（例：外に散歩に出かける；子どもから容易に見える水槽や植物がある）。＊
- 3.3 砂／水遊びを含め、子どもが自然／科学の遊具／教材を使うときに、見守りがある（子どもの活動をじっくり見てコメントを言う；問題に対処する）。＊

4

〈よい〉5
- 5.1 天候が許す限り、戸外で自然を観察する機会がある（例：赤ちゃんが芝生に敷かれた毛布の上にいる；1～2歳児が花や樹木の探索をする；乳母車に乗り、保育者が自然物を指さす）。＊　無回答可
- 5.2 室内で、植物や小動物を観察できる（例：室内の植物が子どもからよく見える；保育者が窓の外の花、樹木、鳥を指さす；子どもが水槽の魚をじっくり見る）。＊
- 5.3 保育者が、自然／科学の遊具／教材や経験について気づかせ、話す（例：天候と衣服について話す；窓から雨が降るのを眺める；シャボン玉を吹いて、そのことについて話す；クラスのペットに餌をやってみせる；拡大鏡を使ってみせる）。　1度の観察
- 5.4 観察時間中に、室内または戸外で、2歳以上の子どもが、砂、水を使って遊べる（例：砂場のなかで遊ぶ；ウォーターテーブル、水槽など）。＊　無回答可

6

〈とてもよい〉7
- 7.1 2歳児には、自然／科学の遊具／教材が、活動センター（コーナー）に組織的に置いてある（例：全部の教材が集められて特別のコーナーが設置してある；自然物のコレクション、絵や写真、絵本、おもちゃがまとめられている）。＊　無回答可
- 7.2 保育者は、自然に興味・関心をもって接する（例：動物のカゴを掃除する；写真やペットに対する子どもの興味に応答する；子どもが素材のリサイクルをするのを助ける；自然の事象についての子どもの疑問に適切に応える；水草に興味をもつようにする；窓の外にいる鳥について話をする）。
- 7.3 保育者が、自然／科学に対して子どもの興味を引き、適切な話をする。　3度の観察
- 7.4 子どもが砂／水遊びをしていると、必ず近くで見守る。＊

【注　釈】

* 砂と水は自然／科学の教材とみなす。砂に加えて、その他消毒済みの土、種など、掘ったり溢れさせたりして使える素材がある。この年齢の子どもには豆、小石、発泡スチロールのチップ、とうもろこし粉、米、小麦粉などの危険を引き起こすような素材を砂の代わりとしてカウントすることはできない。水遊びはホースからの流水、スプリンクラー、水槽、ウォーターテーブルなどでもできる。砂と水の活動については、適切な素材を準備するという、保育者の行動が必要になる。子どもを園庭の水たまりやぬかるみで遊ばせることはこの活動には入らない。

1.1、3.1、5.4　"使える"については用語解説参照のこと。

3.2　この指標の内容は、子どもが自然との相互作用の機会が与えられる、ということである。これは子どもと戸外に出たときに木々や草、鳥に接すること、また室内で鉢植え、水槽、小動物、窓から庭の餌箱にいる鳥を見るなどの経験がある。

3.3　もし子どもが自然／科学の遊具／教材を経験していなかったら、「いいえ」とする。

5.1　評点を与えるには、戸外で動植物を経験できていなくてはならない。天候の関係で戸外に出て行けないならば、「無回答」とする。

5.2　評点を与えるには、子どもは、保育者が話していることやものが見えていたり、理解していたりしなくてはならない。たとえば、保育者が、部屋の向こう側にある植物について話しているときに子どもがそちらを見ていなかったら、カウントしない。

5.4　子ども全員が2歳未満であるときだけ、「無回答」とする。とはいえ、もし2歳未満の子どもが砂や水で遊んでいれば、「はい」とする。

7.1　もし子ども全員が2歳未満なら「無回答」とする。砂／水はこのセンターの中にある必要はないが、その他の自然／科学の遊具／教材はほとんどが置かれていなくてはならない。

7.4　もし、砂／水が一切使われていなかったら「いいえ」とする。

▲ 3.2、5.1、7.2　園庭にビオトープがあり、保育者が子どもの興味を引くよう話しかける

▲ 3.2　窓から木や草が見える。窓ガラスにセロファンなどが貼ってあり、光を経験できる。スズランテープが吊り下げてあり、風を経験できる

▲ 5.4　水槽で、いろいろな道具を使って水遊びができる

サブスケール4 ▶ 活　動

項目21　数・量・形など＊

〈不適切1〉
- 1.1　遊びのなかで数・量・形などに関わる遊具／教材がまったくない。＊
- 1.2　保育者が、数・量・形などに関わる話をしているのがまったく観察されない（例：数えることをしない、形の名前を言わない、量や大きさの単語を使わない、韻を踏んだ歌を歌わない、数や数えることが歌詞になった歌を歌わない）。
- 1.3　観察時間中、叱ったり脅かしたりするときに数が使われている（例：5数える間におしゃべりをやめなければこの場から出て行きなさいと脅かされる）。

2

〈最低限3〉
- 3.1　大きさ、形、数に触れる、適切な遊具／教材がある（例：形がさまざまな握るおもちゃやガラガラ；形のパズル；おもちゃの電話）。＊
- 3.2　保育者は、子どもが遊具／教材で遊んでいるときに、形の名前や大きさを言う（例：大きさの違う人形を指さす；形の名前を言う）。　*1度の観察*
- 3.3　保育者は、子どものために、指さしながら数える（例：絵本の中のものを数える；皿の上のクラッカーを数える）。　*1度の観察*

4

〈よい5〉
- 5.1　観察の時間中、たくさんの適切な数・量・形などの遊具／教材が使える。＊
- 5.2　保育者は、正しく形、量、大きさを比較する（例：「～より多い／少ない」と言う；「一番小さい」「こちらの方が大きい」など大きさを表す異なる言葉を使う）。　*1度の観察*
- 5.3　保育者は、楽しい雰囲気で数を数える（例：オムツ交換のとき、おもしろおかしく足の指を数える；積み木の数を数えるときに指さしたり動かしたりする；人数を数えるとき頭に手を置く；皿にクッキーを置くときに数える）。　*2人の別の子どもへの観察*
- 5.4　保育者は、楽しい雰囲気で、数の歌を歌う、唱える、わらべ歌、手遊びをする。　*1度の観察*

6

〈とてもよい7〉
- 7.1　保育者は、2歳児に対し、数字の意味に気づかせる（例：数の絵本の中で、数字とものを指さす；保育者は、パズルのピースについている数字を指さす、数えるなどする）。＊　*1度の観察　無回答可*
- 7.2　保育者は、毎日の日課について話すときに数などにまつわる言葉を使う（例：「まず上着を着て、外に出ます」；「1番に片付けをして、2番に手を洗って、3番にお昼ご飯を食べます」）。
- 7.3　保育者は、子どもと数の話をするときに、指で数を示す。　*1度の観察*

活　動

【注　釈】

* 人生のかなり早いうちから数・量・形などの学びは始まるべきである。0～2歳児に対しては、機会あるごとに、和やかで自然な感じで、算数的な考え方の芽生えにつながることがもたらされるべきである。数・量・形などにつながる幼い子ども用のおもちゃはたくさんあり、それがこの項目で求められていることである。保育者は、子どもがそのようなおもちゃを使うとき、自然な会話として、数・量・形などの算数的な事柄をときには話すべきである。オムツ交換や食事のときといった毎日決まってすることのなかで、子どもにとって意味のある状況で、算数的な事柄は学ばれていく。算数の歌を歌ったり言葉を唱えたりすることは、数え方を教えることにつながる。この項目のなかでは、数・量・形などについて話すことが、子どもがかなり小さいときから始まっている例が挙げられている。この年齢の子どもに、学校で教えるようなやり方で算数的な事柄が教えられるべきでないのは明らかである。機械的に練習をさせるようなワークシートの類は、この項目では遊具／教材と認められない。クイズのようなことも避けられるべきである。

1.1、3.1、5.1　"使える"については用語解説を参照のこと。年齢ごとのふさわしい数・量・形などの遊具／教材には次のようなものがある。
  - 0歳児：数の絵本、形の違う握るおもちゃやガラガラ、数字や形のついたビージーボックス、積み重ねカップ、重ねるリング。
  - 1歳児：数の絵本、数字や形のついたビージーボックス、積み重ねカップ、簡単なパズル、簡単な形わけ、数字のついたレジスターや電話のおもちゃ、数字積み木、数字とその数字の個数のものが組み合わされた遊具／教材、重ねるリング、違う形を押して遊ぶおもちゃ。
  - 2歳児：数の絵本、数字のついたペグボード、キィの上に数字のついたレジスター、おもちゃの電話、重ねるリング、型はめボックス、いろいろな形や大きさの積み木、大きくて安全なメジャー。

7.1　2歳以上の子どもがまったくいないときに、「無回答」となる。

▲ 3.1、5.1　形や大きさを経験できるおもちゃ

サブスケール４ ▶ 活　　動

項目22　ICTの活用＊

〈不適切〉1

1.1　遊具／教材の内容が発達にふさわしくない（例：暴力的な内容；脅かすような登場人物や物語；むずかしすぎる）。

1.2　画面を見せられているとき、他に選べる遊びがない（例：全員の子どもがビデオやコンピュータの画面を同時に見せられる）。＊　無回答可

1.3　２歳未満の子どもに画面が見せられる。＊　無回答可

2

〈最低限〉3

3.1　遊具／教材の内容がいずれも発達にふさわしく、暴力的でなく、文化的に配慮されている。

3.2　画面を見せられているときでも、少なくとも１つは視聴に代わる活動が用意されている（例：子どもはプログラムの全部を見なくてもよく、他の活動をすることができる）。　＊　無回答可

3.3　観察時間中を通して、２歳児が電子メディアを用いるのは15分までである。＊　無回答可

4

〈よい〉5

5.1　遊具／教材の内容は"子どもにとって良いもの"に限られている（例：単純なストーリー、音楽、ダンス；単純なコンピュータ・ゲーム；暴力的、脅威的でない；漫画がほとんどではない）。

5.2　画面を見せられているとき、３つから４つの視聴に代わる活動が用意されている。＊　無回答可

5.3　保育者は、子どもと一緒に積極的に電子メディアを使う（例：一緒にビデオを見て内容について話し合う；教育的なテレビ番組でとりあげられた活動を行う；子どもが適切にコンピュータを使えるよう助ける）。

6

〈とてもよい〉7

7.1　電子メディアは創造性や生き生きとした動きを誘い出している（例：ビデオを見てダンスしたり歌を歌ったり、運動をしたりする；コンピュータを使ってドローイングをする）。

7.2　電子メディアの内容が、子どもの現在の興味や経験を広げたり深めたりするために用いられている（例：雪の日に雪だるまのビデオ；子どもの経験を振り返るためにタブレットで写真を見たり携帯の画面を見る）。

【注　釈】

＊　０～２歳児は、何よりも、実世界と関わり相互的な実体験を通して学びの世界に入っていくのであり、テレビやコンピュータの使用は求められるものではない。もし機器が観察されなければ、この項目は「無回答」とする。

　常に新しい技術が開発されるので、本書で取り上げている以外にも、子どもが使う情報メディア機器があり、それらすべてを考慮していかなくてはならない。たとえば、コンピュータ、DVD、テレビ、携帯電話、タブレット、アニメーションや音声の出る電子リーダー、スマートボード、コンピュータゲームなどが考慮されなくてはならない。

　特別な配慮を必要とする子どもが、特別なコミュニケーションのためのデバイスを使うのは、子どもが求めるならありうることであり、この項目の対象とはしない。

1.2、3.2、5.2　もし技術の使用が２歳以上で短時間に限られ子どもが楽しんでいるのなら、他の活動は用意されていなくてもよく、これらの指標については「無回答」が適用される。しかし子どもが楽しんでおらず、２歳未満であるなら、他の活動（１つ以上、状況による）の用意が求められる。

1.3　画面が見せられているとき、２歳未満の子どもがいなければ「無回答」とする。

3.3　全員２歳未満で機器が用いられていない場合は「無回答」とする。２歳未満で機器が用いられているようなら「いいえ」とする。

サブスケール4 ▶ 活　　動

項目23　多様性の受容＊

〈不適切〉1

1.1　人種や文化の多様性を示す遊具／教材がない。＊
1.2　遊具／教材は、多様性の否定的なステレオタイプを示している（例：人種、文化、年齢、能力、ジェンダー）。
1.3　保育者が、他の人に対する偏見を、明らかに示している（例：異なる人種や文化の人に対する偏見；障がいのある人に対する偏見）。＊

2

〈最低限〉3

3.1　少なくとも3例の、人種や文化の多様性を示す遊具／教材が、子どもからよく見えるところにある（例：掲示されている写真や絵；異なる文化の音楽；他の文化の食べ物のおもちゃ；人々が異なる人種や文化であることを示す本や写真、絵）。＊
3.2　遊具／教材は、多様性を肯定的に示し、ステレオタイプを排除している。＊
3.3　人形は、少なくとも3種類の人種を代表している（例：異なる肌の色調や顔のつくり）。＊
3.4　遊具／教材に偏見が観察されず、保育者は偏見が生じた時、偏見をなくすよう適切に対応している（例：肯定的な方法で同じところと違うところを説明する；他の人に公平に接する；女子も男子もジェンダーのステレオタイプにとらわれず自分の興味を大切にする）。＊

4

〈よい〉5

5.1　少なくとも10個ほど、次に示すもののそれぞれから最低1つは、人種や文化の多様性を示す遊具／教材がある：絵本、掲示された絵や写真、使える遊具／教材。＊
5.2　保育室内の遊具／教材は、5種類の多様性のうち、4種類を示している：人種、文化、年齢、能力、伝統的でない性別役割。

6

〈とてもよい〉7

7.1　保育者は、子ども自身の自分らしさを認め、支える（例：要求の多い子どもに忍耐強く接する；怖がりの子どもはサポートし励ます；クラスで使っている言葉と同様に子どもの家庭の言語を用いる）。＊
7.2　保育者は、学びの活動のなかで多様性を推進する（例：複数の言語で歌を歌う；多様な文化からの楽器を使う；多文化の絵本を読む；いくつかの言葉については手話を使う）。　*1度の観察*

【注　釈】
＊　クラスの子どもの写真は、この項目の指標には当てはまらない。

1.1、3.1、3.3、5.1　多様性の遊具／教材に評点を与えるには、子どもが、それらが表しているものがよくわかっていることが観察されるべきである。よって、自分では動けない赤ちゃんには、棚にしまいこまれているおもちゃは、観察時間中に保育者が目に入るように取り出して見せない限り、カウントされない。展示されたものは、たとえば壁の上の方に貼られているのなら、あまり細かくなく大きいものであるというように、子どもによく見えるようになっていなくてはならない。

遊具／教材の多様性には次のようなものが含まれる。絵本の中のイメージ；展示物の中で容易に目に入る絵や写真、いろいろな文化の音楽、いろいろな文化を表す食べ物や服装。

いろいろな例は多様性の中での対比を必要とする。たとえば、1枚のアジア人の子どもの絵だけでは例とならず、明らかに異なる人種の絵がその近くにあるというように、対となっていればカウントする。多様性の例は、たとえば、1枚の絵の中に異なる人種の子どもが描かれている、障がいのある子どもとない子どもの両方が描かれているなど、1つのアイテムの中に示されていることもある。例としては、1冊にはある人種が、もう1冊には別の人種がというように2冊の本の表紙に表されており、2つ別々であるが近くに収められている場合もある。食べ物や服装の場合には、それぞれが特定の文化に属していることがわかるように、2つ（以上）そろっていなくてはならない。特定のものと一般的なものを組み合わせてカウントしてはならない。たとえば、ピザ（イタリア）があれば、タコス（メキシコ）、あるいはスシ（日本）がなくてはならず、普通の果物や野菜と一緒にしない。重複して数えないようにする。

人形があれば1.1では考慮されても3.1と5.1では認められず、3.3では別に求められることがある。

1.3、3.4　ときには、偏見と思われることが容易に見て取れるものの、一方で保育者の行動が、子どもが特定のグループ（人種、文化、宗教その他）に属していることとは関係なく、その他の要因からくるものであるかもしれない。観察者は、他の要因が関係しているかもしれないときに、先入観に基づいて不正確にスコアリングをしてしまわないように気をつけなくてはならない。よって、偏見があると評定する場合には、保育者の態度が特定のグループに属する子どもに対して偏っているという強力な証拠があり、また、同じグループに属する他の子どもに何度も同じような偏見をもって接していることが観察されなくてはならない。

3.2　もし暴力のステレオタイプが、たとえば「カウボーイとインディアン」のおもちゃのように、特定の集団に関して見られるならば、「いいえ」と評定されなくてはならない。もし、女性が明らかに性的対象となり、また男性が乱暴者である絵や写真など、ジェンダーがステレオタイプで描かれている場合、評点を与えない。子どもにとって明らかに問題とわかるものについて見ていく。否定的な例について執拗に見ていく必要はない。歴史的・文化的伝統が示されているなら、それらとバランスが取れるように非伝統的で現代的なものも示されていなくてはならない。たとえば、もし伝統的なアフリカの文化が遊具／教材にあるのなら、アフリカの現代を表すものも揃えておかなくてはならない。

3.3、5.1　"使える"については用語解説を参照。

5.1　ジェンダーの平等が考慮されなくてはならない。男性／男子が伝統的な男性の活動をし、女性／女子が伝統的な女性の活動をしている写真などがあってもよいが、それらはジェンダーの平等を表すものではない。ジェンダーがステレオタイプに描かれていないものが子どもからよく見えるところにあると、伝統的な役割を示したものがあっても、バランスが取れる。ジェンダーがステレオタイプでないものの例としては、建築業、スポーツ、赤ちゃんの世話など、男性と女性が同じ活動をしているようすが示されたものである。

7.1　この指標は、通常の多様性の要素（人種、文化、ジェンダー）に限らず、他の子どもと同じであったり異なったりする、1人ひとりの子どものあらゆる要素について取り上げる。たとえば静かな子どもも、要求が多く騒がしい子どもと同様に認められ、支えられるべきである。よって、この項目については、子どもがそれぞれの特性に応じて、保育者から肯定的な関心を向けられているかどうかを観察する。

サブスケール4 ▶ 活　　動

項目24　粗大運動（身体を大きく動かす）遊び*

〈不適切〉1
- 1.1 屋内にも戸外にも、自由に動いて遊べる空間がない（例：室内に家具が多くて自由な動きが制限される；1〜2歳児が走ったり乗り物に乗ったりできるには不適切な空間しかない）。*
- 1.2 粗大運動遊びのための設備や用具がない（例：0歳児にマットなどの運動用具がない；1〜2歳児にボール、押して遊ぶもの、すべり台、年齢にふさわしい乗り物がない）。*
- 1.3 ほとんどの設備が年齢や能力にふさわしくないか、または手入れが不十分である。

2

〈最低限〉3
- 3.1 屋内で、自由に動いて遊べる空間がある（例：赤ちゃんが自由にカーペットの上を動ける；やや大きい赤ちゃんがハイハイできる；1〜2歳児が室内を歩き回れる）。*
- 3.2 天候が許す限り、戸外で、1〜2歳児が、最低20分は粗大運動遊びが適切にできる。　*　*0歳児について無回答可*
- 3.3 観察時間中、手入れの行き届いた適切な設備・遊具が使われており、危険なものはない。*
- 3.4 粗大運動遊びのスペースは、年上の子どもが使うところとは別になっている（例：時間を区切って使う；フェンスで区切られている）。*
- 3.5 戸外には強い日差しや雨風を避ける設備がある（例：日よけ；風よけ；排水）。*

4

〈よい〉5
- 5.1 観察の時間を通して、屋内で、自由に動いて遊べる空間がある（例：小さな赤ちゃんは手足を自由に動かして転がる；やや大きい赤ちゃんはハイハイをして室内の探索ができる；1〜2歳児が歩き回ったり跳んだり跳ねたりしても問題がない）。*
- 5.2 天候が許す限り、容易に出ていくことができ、1〜2歳児が、少なくとも30分間は戸外で過ごす（例：あまり歩かなくてもよい距離；他の保育室を通り抜けない）。*　*0歳児について無回答可*
- 5.3 適切な設備や遊具（固定、移動）が十分に使え、活発に遊べる。*

6

〈とてもよい〉7
- 7.1 観察の時間を通して、屋内で、自由に動いて遊べる広い空間がある（例：混み合わない、広々とした保育室の空間；広い通路）。*
- 7.2 戸外の地表が2種類以上ある（例：芝生；室外のカーペット；ゴムのクッションの表面；デッキ）*
- 7.3 戸外が、0歳児の粗大運動遊びの場として使われている。*　*1〜2歳児について無回答可*
- 7.4 観察時間中に、設備や遊具（固定、移動）が、適切な粗大運動遊びの発達を促すために用いられている（例：到達する、ける、はう、押す、歩く、バランスをとる、登る、ボール遊び）。*

【注　釈】

* 活発に身体を動かして遊び、粗大運動のスキルを発達させるには、安全な空間と、発達にふさわしい用具や設備が求められる。子どもを乗り物に乗せたり、ブランコに乗せて揺らしたり、砂場の中で遊ばせたりすることは粗大運動遊びとしてカウントしない。自分では動けない赤ちゃんでも、毛布や何かの上で、自分でできる範囲で身体を自由に動かせるようにしなくてはならない。お座りができる赤ちゃんなら、はう、歩くという練習ができるような、発達にふさわしい機会が与えられなくてはならない。もしベビーシート、ハイチェアーなど身体の動きを制限するものが使われる場合は、15分以内に限られ、あまり頻繁であってはならない。支えられないと座れない赤ちゃんには用語解説にあるように、専用の家具が必要だろう。"使える"についても用語解説を参照。

1.1、3.1、5.1、7.1　1.1と3.1では、屋内とは、保育室内か施設内の別のところであればよい。5.1と7.1では、保育室内または保育室に隣接した空間のことを意味する。

1.1、1.3、3.2、3.3、5.3、7.4　屋内・戸外の空間と設備・用具は手入れが行き届き、0～2歳児にとって安全なものでなくてはならない。たとえば、落ちるようなところはクッションが効いた表面であること、鋭角的なところがない、尖ったり突起したりしていない、挟まってしまうようなところがないということである。適切な空間や設備・用具については、公的なガイドラインを参考にする。

1.1、3.2、3.4、3.5、5.2、7.2　もし観察時間中に戸外のスペースが使われていなければ、施設内のこれまで使われてきた戸外のスペースを評価する。

1.2、1.3、3.3、5.3、7.4　適切な設備や遊具とは以下のようなものである。
- 0歳児：戸外の敷物や毛布、クレイドルジム（写真）、押すおもちゃ、手を伸ばしてつかむおもちゃ、振るおもちゃ、ボール、はって登る傾斜。
- 1～2歳児：ペダルのない／ある乗り物、押したり引っ張ったりして遊ぶ大きな車、ボール、豆袋、年齢にふさわしい登る設備、マット、トンネル、大きなダンボール箱：低い平均台、小さい三輪車。

3.2、5.2　3.2は、全員0歳児であれば「無回答」とする。とはいえ戸外のスペースを0歳児が使うのなら、どのように使えるのかに基づいて評定する。3.2と5.2では、天候のために外に出られなかった場合、その代わりに、屋内の適切な場所で該当する時間、活発な遊びが可能になっているべきである。動ける子どもの活発な遊びには次のようなものがある。音楽に合わせてダンス、運動、走る、跳ぶ、登る、足でこぐ乗り物、その他保育室内で普通見られる程度より子どもの動きがかなり大きくなるような活動。

5.2　戸外へのアクセスは、典型的な発達の子どもと、障がいのある子ども（もしいれば）の両方について考慮されなくてはならない。もし厳しい天気で子どもが戸外に出て行けなかった場合は、戸外遊びの場が使えることが明らかになるように点検をしておかなくてはならない。

5.3　支えなしで座れない赤ちゃんにもクレイドルジムのような粗大運動遊びの道具が使えるようになっているべきである。

7.3　全員が1歳以上であれば「無回答」可。

▲ 1.2、1.3、3.3、5.3、7.4　クレイドルジム

▲ 7.1　自由に動き回れる保育室

サブスケール5 ▶ 相互関係

項目25　粗大運動遊びの見守り＊

〈不適切〉1
- 1.1　保育者が、子どもが身体を動かして遊ぶのを励ますことに、ほとんど興味を示さない（例：子どもが身体を動かして遊ぼうとするのを無視する；子どもが身体を動かして何かを練習しようとする気持ちをくじく）。＊
- 1.2　屋内／戸外で、子どもが身体を動かして遊んでいるときに、安全面にほとんど注意が払われない（例：長い間見守りがないままである；用具の使い方が危なく、けがをしそうな子どもにほとんど注意を払わない）。
- 1.3　保育者と子どものやりとりのほとんどが、否定的である（例：問題のある子どもや運動中にけがをした子どもを責める；罰を与えたり管理が厳しすぎたりする雰囲気がある）。
- 1.4　保育者が、長時間、子どもが身体を動かして遊べないようにしている（例：赤ちゃんをベビーベッドに入れたまま、ベビーシートに座らせたままにしている；1～2歳児を室内の狭いところにいさせたり、椅子に座ってテーブルにつかせたままにしたりする）。

2

〈最低限〉3
- 3.1　保育者が、子どもが身体を動かして遊ぶのを励ますことに、興味を示している（例：赤ちゃんを床の上に腹ばいにさせる；子どもが寝返りをしようとするとき、おもちゃを取ろうとするとき、肯定的に言葉をかける；子どもが動き回るよう励ます；ダンスの音楽をかける；立ったり座ったりを助ける）。＊
- 3.2　保育者は、子どもが身体を動かして遊ぶことの安全に注意している（例：用具などの取り合いを止める；危険度が高かったりむずかしかったりするものを見守る；明らかに危険な活動は止める）。
- 3.3　身体を動かして遊ぶときの、保育者と子どものやりとりが、全般的に自然であり肯定的で、子どものストレスを引き起こさない。

4

〈よい〉5
- 5.1　保育者が、子どもが身体を動かして遊ぶのを、頻繁に励ます。＊
- 5.2　保育者が、安全を確保し、けがを防ぐために注意深く見守っている（例：すべり台を安全に使えるように助ける；子どもが車輪のある乗り物でどこかに突っ込んでいったりお互いにぶつかったりしないように注意する）。
- 5.3　保育者と子どものやりとりはほとんど肯定的なもので、少しは軽く否定的であっても深刻ではない（例：身体を動かすように子どもを励ますが、強制はしない；子どもが楽しめるものを見つける；順番交代など子どもの社会性が育つように助ける；危険な行動についてはその理由を説明し、別の安全なやり方を見つけるように助ける）。

6

〈とてもよい〉7
- 7.1　保育者が、活発に身体を動かす適切な遊びを主導する（例：子どもに走る、速くはうなどを励ます；赤ちゃんが身体を動かせるような用具を置いたり、手が伸ばせるようなところにおもちゃを置いたりする；赤ちゃんに適切な運動をさせる；2歳児がボールのゲームをしたり、園庭で競走したりするのを助ける）。
- 7.2　保育者が、子どもが新しい技能を獲得したり、むずかしい遊びに挑戦したりするように助ける（例：赤ちゃんが立ち上がるのを励ます；歩くときに子どもの手をとる；1～2歳児に自分にあったすべり台の使い方を見せる；2歳児が三輪車をこぐのを助ける）。

【注　釈】

* 粗大運動遊びの見守りについては屋内と戸外の両方を考慮する。戸外では、身体を動かさない遊びよりは、活発に身体を動かす遊びの方に集中して観察する。複数のグループ（クラス）が戸外に出ていてまとめて見守りがされている場合は、すべての保育者の見守りを考慮し、評定者が対象とするグループ（クラス）の子どもと同じ年齢や能力の子ども全般について考慮する。そのうえで見守りのおとなの数は十分であるか、空間の構成と危険の度合いに基づいて判断する。

1.1、3.1、5.1　評点を与えるには、屋内でも戸外でも、保育者は子どもが自由に動けるようにしていなくてはならない。

- 1.1では、もし子どもが、自由に動いて、自分のできることとしたいことを十分にやろうとしているのにそれを阻まれており、かつ／または座って何かすることが強調されていれば、「はい」とする。
- 質が低めのレベルでは（1.1は「いいえ」、3.1は「はい」）、子どもが自由に動けていればよしとする。
- 質が高めのレベルでは、保育者は、1～2歳児と一緒に走る、赤ちゃんが足で蹴ったり手を伸ばしたりするような遊具をセットする、赤ちゃんがはって行っておもちゃを取ろうとするように手の届かないところにおもちゃを置く、などのように、子どもが粗大運動のスキルを高めるように手立てを取っていなくてはならない。
- 5.1では、どの子どもも頻繁に励まされるとまでは求めていないが、保育者はグループ（クラス）全体に働きかけをして、赤ちゃんであっても、身体を動かすように何らかの励ましがなくてはならない。

▲ 7.1、7.2　子どもを励まして傾斜を登るようにし、やりとげたことを認める

サブスケール5 ▶相互関係

項目26　見守り（粗大運動遊び以外）＊

〈不適切〉1

1.1　保育者の見守りは、管理的なことか生活のルーチン【訳注：決まってすること＝食事介助、トイレの世話、片付けなど】に限られている（例：日課どおりに進める；廊下で静かにさせる；お帰りの支度をすっかりさせて降園を待つ）。

1.2　保育者と子どものやりとりのほとんどが、命令的・指示的なものである（例：遊びの時間は、全員で音楽、造形、お話の時間である）。

1.3　保育者が、遊びのときに適切な相互関係をもっていない（例：子どもと話さない；押し付けがましい；問題を明らかにしない；子どもが必要としているのに助けない）。

2

〈最低限〉3

3.1　遊びのときに、最低限の見守りがある（例：保育者は主に安全と衛生に配慮する）。＊

3.2　保育者は、子どもの間に問題が起きたときに、止める。

3.3　保育者は、自由遊びのときに、ときどき室内を回って個別にあるいは小グループとやりとりをする（例：遊びについて話しかける；必要に応じて手助けをする；子どもと遊ぶ；片づけを手伝う；うろうろして遊びが見つけられない子どもを助けて遊びに興味をもたせる）。

4

〈よい〉5

5.1　子どもは保育者の目の届くところにいて、何かあればすぐに行ける（例：保育者はしばしばようすを見ながら子どもの周りを回る；低い棚の向こう側にいる子どもにも目を配る；室内のクローゼットからすぐに必要なものが取り出せる）。＊

5.2　保育者は、問題が起きたら素早く対応し、子どもの気を静め、支持的に関わる（例：泣いている赤ちゃんには新しいおもちゃを使う；2歳児に不適切なおもちゃは交換する）。

5.3　保育者は、子どもが遊んでいるとき、遊びに興味を示し喜ぶ（例：子どもが自分で棚から取ってきた絵本を読む；子どもが積み木を積んでいるときに話しかける；子どものごっこ遊びに加わる）。

5.4　保育者は、子どもが自由に遊べるようにするだけでなく、保育者主導で活動を始めたり経験を広げたりしている（例：どうやったら積み木で塔が作れるかやってみせる；子どもに本を読んで欲しいかたずねる；絵が描けるように紙を出しておく）。　*2人の別の子どもへの観察*

6

〈とてもよい〉7

7.1　保育者は、通常、子どもを注意深く見守り問題を予防する（例：おもちゃを複数用意する；静かな遊びを妨げないように動きの多い遊びの場所をずらす）。

7.2　見守りは1人ひとりに応じている（例：より多くの助けを必要とする子どもの近くにいる；新入の子どもや恥ずかしがりの子どもには多めに気を配る）。

7.3　保育者は、子どもの活動が変化していくのに応じ、多様な見守りをする（例：硬い床の上に不安定に座っている赤ちゃんにはそばについて見守る；小さなおもちゃを使っているとき；新しい遊びを導入するのに少人数で行う）。

7.4　保育者がルーチンを行なっているときに、通常、最低1人の保育者は子どもの遊びを身近で見守っている。＊

【注　釈】

＊　この項目は、粗大運動遊びよりも遊びと学びの見守りについて評定する。また個人的な養護のルーチンについてはここでは対象としてはいないが、それは別の項目にある。子どもが大きく身体を動かして遊んでいないときの、屋内と戸外の遊びを考慮する。たとえば、戸外では、砂遊びや微細運動遊びのように座りこんでする遊びに対する見守りを考慮する。戸外で複数のグループ（クラス）がいるときにこの項目を評定するには、すべての保育者の見守りを考慮し、評定者が対象とするグループ（クラス）の子どもと同じ年齢や能力の子ども全般について考慮する。そのうえで見守りのおとなの数は十分であるか、空間の構成と危険の度合いに基づいて判断する。

3.1　もし見守りが最低限で、依然として多くの衛生・安全についての問題があれば「いいえ」とする。

5.1　大変危険な事態を除いて、3分以内には対応しなくてはならない。たとえば、もし子どもが口に何かくわえて歩き回っている、あるいは子どもどうしで問題が起こりそうである、というような状況があれば評点を与えない。

7.4　この指標では、"通常"とは、遊んでいる子どもにほとんどすぐに注意が払えることである。保育者が1人しかいない場合は、ルーチンを行いつつ、遊んでいる子どもにも注意を払い続けないといけない。

▲5.3　子どもの遊びに注目し、声をかける

サブスケール5 ▶ 相互関係

項目27　子どもどうしのやりとり＊

〈不適切〉1

1.1　保育者が、子どもが1人で遊びたいのか、じゃまされることなく一緒にいたいのかについて鈍感である（例：1つのところに子どもが混み合っている；子どもが分け合ったり協力したりするよう無理なことを期待される）。

1.2　子どもどうしの否定的なやりとりがしばしば無視されたり、厳しく扱われたりする。

2

〈最低限〉3

3.1　子どもが、1人で遊ぶか、あまりじゃまされずに他の子どもと一緒にいる機会がある（例：子どもが1つのところに混み合っていない；保育者が他の子どもにじゃまされないようにする）。

3.2　保育者は、通常、子ども同士の否定的なやりとりを止める（例：叩き合い、噛みつき、おもちゃを取る）。

3.3　保育者は、ときどき、子どもが他の子どもと遊べるように仕掛ける（例：隣で遊ばせる；1つのところに混み合わないようにする）。＊

4

〈よい〉5

5.1　子どもが、1人で遊ぶか、ほとんどじゃまされずに他の子どもと一緒にいる機会がたくさんあり、苦痛を感じている状況がない。

5.2　保育者は、通常、肯定的な社会的やりとりの手本を示し、極端に否定的な例が観察されない（例：あたたかく気持ちのよい雰囲気がある；優しく触れる；子どもに"偉そうに"せず丁寧に接する）。

5.3　保育者は、しばしば、必要に応じて子どもが他の子どもと関わろうと試すように仕掛ける（例：子どもの手を導いて他の子どもに触れるときは"優しく"するように言う；他の子どものガラガラを取ろうとしているとき「ひとつあなたにあるよ」と言う；子どもが他の子どもと笑顔を交わしていることを指摘する）。＊

5.4　保育者は、全体での活動よりも、個人または小グループでの活動を励ます（例：保育者は室内で別々の場所に座り、子どもを近くで遊ばせたり、その周りに集めたりする；園庭では子どもが固まらないようにする；子どもが別々の場所で遊べるようにしたり、促したりする）。

6

〈とてもよい〉7

7.1　保育者は、子どもが他の子どもにとった行動や、興味を示したこと、感じたことについて言葉にする（例：子どもが悲しみや喜びの表情を認識するのを助ける；他の子どもに悪気がないことを説明する；同じおもちゃで遊んでいることをほめる）。　*2度の観察*

7.2　保育者は、子どもどうしやおとなとの間で肯定的なやりとりの例について取り上げて話す（例：励ましていることを指摘する；他の子どもに気づいた赤ちゃんに笑いかけたり話しかけたりする；一緒に椅子を運ぶ2人の子どもをほめる）。　*1度の観察*

【注　釈】

* 小さな子どもが他の子どもとうまくやっていくようになるには何年もかかるだろう。最初、赤ちゃんは1人で遊ぼうとし、おとなに相手をしてもらうが、身の回りの何かの対象として他児にしばしば興味を示す。乳児のグループでは、子どもがそれぞれに遊ぶことが尊重され、守られなくてはならない。子どもが成長するにつれ、他児がそばにいて同じことをして遊ぶのを楽しむようになるが、協力はなくやりとりもあまりしない（平行遊び）。他児の真似をしたり追っかけっこをしたりする単純なゲームを目にしても、このような協力は1～2歳にならないと出てこない。この年齢では、他児が自分と同じような人間であるという認識が十分ではなく、おもちゃの取り合いをし、押し合いをし、攻撃的なふるまいをする。しかし攻撃性と見られるものは認識の不足と社会的スキルの未熟さからくるものである。保育者は子どもの発達過程を理解し、問題が起きたときに否定的なメッセージを子どもに与えることのないようにしなければならない。保育者からの注意深い導きと、他児との肯定的な経験が、適切な子どもどうしのやりとりを発達させるのに重要な役割を果たす。

3.3、5.3　他児とのやりとりを仕掛けるのは肯定的でなくてはならず、苦痛を引き起こすような否定的なやり方が観察されるようではいけない。否定的な仕掛けの例としては、子どもにおもちゃを一緒に使わせようとして、子どもの遊びを中断させたり望んでもいないのに一緒に遊ばせたりするようなことである。5.3については、保育者が単純に一緒に遊ばせようとする以上のことが求められる。子どもどうしのやりとりがお互いにうまくいくように助けるには、入念な見守りとやりとりが求められる。

▲3.1　それぞれがじゃまをされずに遊ぶ

▲5.1　他の子どもたちのようすを見ている

サブスケール5 ▶相互関係

項目28 保育者と子どものやりとり＊

〈不適切〉1

1.1 保育者は子どもに関わろうとせず、応答的ではない（例：ほとんど応答せず、微笑みかけず、話しかけず、話を聞かない；泣いている子どもを無視する）。
1.2 子どもとのやりとりは、ほぼ否定的であるか不快なものである（例：厳しい口調、脅かす、皮肉な言い方をする、距離があったり冷たかったりする）。＊
1.3 観察時間中のほとんどを通して1人またはそれ以上の子どもがほとんど無視されている。

2

〈最低限〉3

3.1 個別の子どもと保育者の肯定的なやりとりがいくらかある（例：保育者が子どものしていることに興味を示す；暖かく迎えて挨拶をする；子どものがんばったことを認める；子どものつぶやきに耳を傾け適切に応答する）。
3.2 保育者は、ほぼ、忍耐強く、落ち着いて、朗らかであり、くつろいで気持ちのよい雰囲気を漂わせている（例：めったに取り乱したり焦ったりしない；保育者と子どもが落ち着いて活動に取り組んでいる。

4

〈よい〉5

5.1 観察時間中、しばしば保育者と子どもの肯定的なやりとりがあり、長い間まったくやりとりがないという時間はない（例：温かいまなざし；顔を見合わせる；ほほえみ；興味を共有する；子どもに対してえこひいきをしない）。＊
5.2 保育者は、通常、よく観察しており、子どもからの働きかけに応答的である（例：バブバブとか何か言ったことに応答する；2歳児のつぶやきに耳を傾け、適切に応答する）。
5.3 保育者は、不安そう、怒っている、怖がっている、あるいは傷ついた子どもを理解し、落ち着かせ、支持的である（例：保護者が去って不安になっている子どもを慰めたり落ち着かせたりする）。＊
5.4 保育者は遊び心があり、適度なユーモアを示す（例：何かが起きたとき楽しそうに驚く；子どもを楽しませる口調；熱心にいないいないばあをする；子どものかくれんぼにつきあう）。＊

6

〈とてもよい〉7

7.1 保育者はグループ内の子どものほとんどと積極的にやりとりする（例：自分から働きかけてこない子どもに関わっていく）。＊
7.2 保育者は、通常、子どもの言葉にならない素振りに敏感であり、適切に対応する（例：疲れた子どもに落ち着いて接する；元気のいい子どもに生き生きと接する）。＊

【注 釈】
* "やりとり"には、言語的なもの（話す、ほめる、肯定的なコメントをいう、目を合わせて話しかける、子どものいうことを注意深く聞く、していることについて話す、何が起きているか語る）と非言語的なもの（身を寄せて座る、微笑む、視線を合わせる、親しみやすさ、喜んで迎えるしぐさ）の両方がある。"やりとり：否定的、肯定的、自然"については、用語解説を参照のこと。関係性のなかでほとんどの学びは芽生えるのであり、保育の場では、何よりも先に保育者と子どもの肯定的な相互関係が築かれなくてはならない。

1.2 子どもとの不快なあるいは否定的なやりとりは、子どもに対して、自分が歓迎されていないこと、自分が無能であること、あるいは自分や自分のしたことに値打ちがないというメッセージを与える。多くの否定的なやりとりが観察されたときに、「はい」とする。

5.1 "しばしば肯定的なやりとりがある"には中立的なやりとりも含まれるが、「肯定的」は「中立的」よりも重みがある。評点を与えるには、否定的なやりとりがほとんどなく、あってもごくわずかなもので、子どもに過度のストレスを与えず、例にあげた多少は否定的なことが頻繁でなければ「はい」とする。

5.3 支持的なやりとりは、保育者が、ふだん実践するものでなくてはならない。たまには保育者が子どもからのサインを見逃して、子どもが必要とする支援を与えられないかもしれない。このようなことがあれば、どれくらいの頻度で起きるのか、また何回子どもからのサインに気づかないかを書き留めておく。それはめったに起こってはならず、過度のストレスを子どもに与えてはならない。

5.4 "適度な"ユーモアや遊び心とは、たとえば荒っぽい鬼ごっこのような、子どもを怖がらせたり、危険な目に合わせたりするものであってはならない。子どもが肯定的にそのやりとりに応じていなくてはならず、嫌がるようであれば、保育者はそのようなやりとりは止めなくてはならない。

7.1 観察時間中を通して、もしほとんど注意を向けられない子どもがいれば、子どもが楽しそうにしていたとしても、「いいえ」とする。

7.2 "適切に対応する"とは、子どもが満足しているようすをみせることを意味している。用語解説を参照のこと。場合によっては子どもを満足させられないこともあるかもしれない（例：食に困難のある子ども、入園間もなく慣れていない子ども、気分の悪いとき）。このような場合は、機嫌が悪いままでも、子どもが満たされるように保育者が試みを続けていることが観察されるべきである。子どもがぐずるようなら、何とか機嫌がよくなるようにあれこれと試してみなければならず、ときにはゆりかごやその他のものを使ったり、抱っこしたりすることが必要だろう。評点をつけるときに、子どもが満たされなくても、保育者がどれだけ努力をしているかを考慮する。とはいえ、複数の子どもが満足していなかったり、保育者が動揺していたり怒っているようであれば、「いいえ」とする。

▲ 5.3 抱っこして話しかけ、落ち着かせている

サブスケール5 ▶ 相互関係

項目29　あたたかな身体的関わり＊

〈不適切1〉

1.1　保育者は、ほぼ、子どもとの身体接触をしない（例：子どもを抱くことはめったにない）。
1.2　身体接触にほとんどあたたかさが感じられず、ほぼ否定的である（例：優しく揺することがない；荒々しく抱き上げられる；子どもを押さえつけるために抱く；子どもの望まないハグ＝抱きしめ）。
1.3　保育者が、子どもどうしの身体のふれあいを妨げる（例：子どもにお互いにハグしてはいけないと言う；乳児がお互いに関わらないよう離しておく）。

2

〈最低限3〉

3.1　行きすぎた否定的な身体接触が、まったく観察されない。＊
3.2　妥当な身体接触が、生活の場面で見られる（例：子どもがオムツ交換のために抱き上げられる；赤ちゃんが食事の際に抱かれている；午睡のときに背中をなでられる；登降園のときにハグされる）。
3.3　保育者は、子どもの間の否定的な身体接触が起こらないように気をつけている（例：蹴ったり叩いたりするのを止める）。
3.4　保育者は、しばしば、子どもに身体的に接触しやすいように、床の上に座っていたり低い姿勢になったりしている。

4

〈よい5〉

5.1　遊びや学びの活動の間に、しばしばあたたかな身体接触がある（例：保育者は子どもに絵本を読んだりおもちゃで一緒に遊んだりするときに膝にのせている；絵本を読んでいるときにもたれかかった子どもの肩に腕を回している；手を伸ばして寄ってくる子どもを抱き上げる）。
5.2　通常、くつろいだ気持ちのよい雰囲気がある（例：緊張したり、あわただしかったりするような雰囲気はほとんどない；保育者と子どもに落ち着きがあり、何事も楽しんでいる；苦痛を感じるような時間がほとんどない）。
5.3　保育者は、肯定的に、決して否定的にならず子どもたちどうしが身体で触れ合うことを勧める（例：子どもたちをお互いに手が届く範囲に座らせる；打つのではなく優しくパタパタするお手本を見せる）。＊

6

〈とてもよい7〉

7.1　保育者は、観察の間を通して、長い間隔をあけることなく、抱っこしたりトントンしたりその他あたたかな身体接触をしている（例：抱かれていたい子どもには時間を長くする；身体的なあたたかさや接触が与えられない子どもはいない）。＊
7.2　保育者は、通常、子どもの気分や、性格、好みに合わせて身体接触の加減をする（例：ハグが好きな子どもはハグする；動揺している子どもは穏やかにする；あまり接触を好まない子どもにはハイタッチをする）。

【注　釈】

* 適切な身体的接触としては次のようなものがある。ハグする、なでる、抱っこする、揺する、トントンする、子どもから大人に身を寄せていく。通りすがりに子どもの肩や頭に触ること、話しかけるときに子どもの背に手を置くこと、何かするときに子どもが身を寄せていくこと、子どもの手を握ることなどを含め、明らかなものも軽いものも書き留めておく。

3.1　行きすぎた否定的な身体接触とは、叩く、パチンとする、つねる、子どもが嫌がるのにくすぐる、強く揺さぶる、力づくで引っぱる、強くつかむ、その他子どもの望まない身体接触のことである。危険な状態からとっさに救うためであれば荒々しい扱いもやむをえないが、そのような状況はすぐに、また肯定的に取り去られるべきである。また、たとえば子どもははなを拭いたりオムツを交換したりするときなど、嫌がるようすを見せるかもしれないが、このような場合はできるだけ注意深く対応し、肯定的なやり方で速やかに解決されるべきである。

5.3　評点を与えるには、保育者は子どもがお互いに度がすぎることのないよう、優しく触れるように促さなくてはならない。手荒いようすがなければ、保育者はときおり、他の子どもがパタパタしたりハグしたりするようすを指して、好意を示すには優しくスキンシップを取ることを促していなくてはならない。

7.1　身体的な接触がどのくらいあるかは、子どもの年齢や個別性による。年長であればより少なくなるが、子どもからのニーズがあったりふさぎ込んでいたりするときには必要になるだろう。乳児や年少の子どもはおとなからのより多くの身体接触を求めるだろうが、歩きはじめの子どもであれば、たとえば身体を使って遊んでいるときは自分1人で動きたいこともあるだろう。とはいえ、そのような子どもでも別の場面ではあたたかな身体接触が観察されるべきである。

▲ 3.2、5.1、7.2　床の上に座り、子どもに水を飲ませている

サブスケール5 ▶ 相互関係

項目30　望ましいふるまいの導き

〈不適切〉1
- 1.1 身体的・言語的に、厳しい方法がとられている（例：ぱちんと叩く、子どもの手をぴしゃりと叩く、声を荒げる、食事のおあずけをする、叫んだり金切り声をあげて怒りを示す、脅かしたり辱めたり卑しめたりする、長時間閉じ込める）。＊
- 1.2 子どものふるまいについての導きがなく、問題が起きている（例：保育室内の混乱、子どもがけがをする、物が壊れる）。
- 1.3 子どものふるまいに対する期待が、しばしば、年齢や発達段階にふさわしくない（例：おもちゃなどを一緒に使うことを常に強要される、何もすることがないまま長時間待たされる、身体の動きを制限される、泣くことが否定的にとらえられている）。
- 1.4 保育者は、子どもの望ましくない行動にだけ目をつけ、良い行動は無視する。

2

〈最低限〉3
- 3.1 保育者は、子どものふるまいを導くにあたり、否定的な物言いをすることが滅多にない。
- 3.2 保育者は、通常、子どもが間違ったふるまいをしても否定的に対応するのではなく、肯定的に導く（例：子どもにやり直しをさせる、選択肢を与える、警告を発する）。
- 3.3 保育者は、通常、問題を予防するように注意を行き届かせている（例：子どもがお互いにあるいは自分で傷つけることを止めている、室内のものや環境が傷まないようにしている）。
- 3.4 ときおり、子どもの良いふるまいに関心を寄せる（例：きちんと見て微笑んだり、子どもが遊んだり身の回りのことをしているときに一緒にしたりする）。

4

〈よい〉5
- 5.1 保育者は、子どものふるまいを導くにあたり、決して否定的な応対をしない。
- 5.2 常に、肯定的なやり方でふるまいの導きが行われる。
- 5.3 子どもに対する期待がおおむね適切である（例：おもちゃなどを一緒に使うことの話し合いはあるとしても強制はされない、待ち時間は短い）。
- 5.4 遊びのなかで良いふるまいが見られたら、強く関心が寄せられる。＊
- 5.5 保育者は、してはいけないことについて、なぜかについてわかりやすく簡潔に説明している（例：叩くとけがをするよ、降りようね＝落ちてけがをしてはいけないからね）。
    1度の観察

6

〈とてもよい〉7
- 7.1 保育者は、子どもに自分のしたことが他の人にどのように影響を与えているかに気づかせる（例：おもちゃを取られた子どもの悲しい表情を示す、誰かと分け合うと気持ちがいいことに気づかせる）。　*1度の観察*
- 7.2 保育者は、問題が起きたら口で言うことを知らせ、必要に応じてフォローする（例：話せない子どもには言葉や身振りを添える、話せる子どもには口で言うよう励ます）。
    ＊ *1度の観察　言葉が出ていない乳児の場合無回答可*
- 7.3 子どもに対する期待は常に適切で、子どもに過度の不満をもたらすようなトラブルは見受けられない（例：子どもは間近で見守られてすぐに間違いは正される、移行は手早い、混雑は最小限に抑えられる、おもちゃを複数用意する）。

【注　釈】

1.1　もし厳しい身体的応答が見られたら、「はい」とする。とはいえ、とっさに安全のために子どもをつかむような場合は除き、ひどく厳しいものでないか、子どもに過度のストレスを与えていないか、厳格に見る。

5.4　子どもが良いふるまいをしたときに関心を向けられることが通常の実践となっていなければならず、たまたま観察されたものであってはならない。関心は室内全体に向けられ、それぞれの子どもにほどほどに行き渡っていなくてはならない。

7.2　評点を与えるには、子どもに「口で言いなさい」と言うだけでは十分ではない。保育者は、子どもがお互いに相手の言うことを聞き、満足のいくやり方で解決しようとすることを助けようと、その後のフォローをしなくてはならない。まだ話せない子どもには、言葉の発達につながるように、保育者が子どもの言おうとすることのお手本を示すように言葉を発していることが観察されなくてはならない。

サブスケール6 ▶ 保育の構造

項目31　日課と移行時間＊

〈不適切〉1
- 1.1 日課にまったく柔軟性がない（大多数の子どものニーズを満たしていない）か、あまりに適当である（混乱して1日の生活の見通しがもてない）。
- 1.2 移行時間が常に混乱している（例：目的もなくうろついている、乳児が長時間身動きできないまま放置される）。
- 1.3 保育者が、通常、次にすることの準備をしていない。
- 1.4 保育者は、通常、移行時間に適切な見守りをしていない（例：子どもに最低限の助言しかしない、ほとんどフォローをしない、保育者間の役割分担ができていない、保育者が他の仕事をしていてほとんど子どもが何をしているかに気づかない）。
- 1.5 子どもは取り組むことがないままに移行時間に10分間以上待たされる（例：年長の子どもがテーブルについたまま何もせず待たされる；乳児が、全員のオムツ交換が済むまでベビーベッドの中に放置される）。＊

2

〈最低限〉3
- 3.1 日課はほとんどの子どものニーズに合っている（例：子どもは次の日課に移る前にその前の活動を終ることができている、活動のときに退屈そうにしている子どもがほとんどいない、全員の子どもに遊ぶ機会がある）。
- 3.2 保育者は、通常、十分な見守りをしており、移行時間中に問題が起こることはほとんどない（例：片付けのときに年長の子どもを導く、1歳前半児を助けてひとつの活動から次の活動に移るときにいざこざが起こらないようにする）。
- 3.3 保育者は、移行時間の半分が過ぎたときには、次の活動の準備を終えている（例：年長児の造形活動が始まる前にイーゼルや描画材料の準備が終わっている、乳児の遊びの材料は活動前に揃っている）。
- 3.4 活動的な遊びと静かな遊びは子どものニーズに応じて行われる。

4

〈よい〉5
- 5.1 移行は、徐々に、個別的に行われていることが多い（例：乳児は個別のニーズに応じてオムツが交換されたり睡眠のためにベッドに移されたりする＝一斉に順番に行われるのではない、年長の子どもは一斉に次の活動に移るのではない）。
- 5.2 保育者は、ほとんどいつも、次の活動の準備を終えている。
- 5.3 観察時間中、保育者と子どもの否定的なやりとりがない。

6

〈とてもよい〉7
- 7.1 保育者は、1日を通して、子どもの多様なニーズに応じるよう柔軟な日課にしている（例：子どもの興味がなくなったら新しい活動に移る、自分では動けない子どもが飽きていたら新しい場所へ移らせる、子どもが続けたがったら活動を延長する）。＊
- 7.2 移行は通常スムーズである（例：保育者は、前もって次のことを知らせるので、子どもは次に起こることをわきまえている）。
- 7.3 何もしないままで3分以上待たせることがない。

【注　釈】

* すべての評定は、観察時間中見たり聞いたりしたことに基づいて行うことを再確認しておく。"日課"とは、観察時間中に子どもにとって経験される一連の出来事を意味する。"移行"とは、異なる活動の合間の時間のことである。たとえば、室内遊びと外遊びの間に子どもが上着を着たり、並んだり、園庭に向かって歩いて行ったりする時間を指す。

　この項目はグループの子どもが、日課が個別的である乳児の場合は「無回答」とする。食事や睡眠、オムツ交換、遊びについてはそれぞれ別の独立した項目で扱っている。

1.5　この10分間というのは1つの移行に費やされる時間のことであり、すべての移行時間の合計ではない。"取り組む"とは子どもが何かに興味をもってそれに関わっていることである。たとえば、保育者が子どもに待ち時間に歌を歌わせようとしても、子どもがほとんど歌おうとしなければ「取り組む」とはいえない。同様に、もし子どもが絵本をとってきて読むように言われてもほとんどしていなかったら、「取り組む」とはいえない。

7.1　観察時間中に、子どもの興味が続くように日課を変更させる必要がみられないなら、「はい」とする。

サブスケール6 ▶ 保育の構造

項目32　自由遊び＊

〈不適切〉1
- 1.1 観察時間中に自由遊びがほとんどない。
- 1.2 自由遊びの間、見守りや保育者との関わりがほとんどないない。
- 1.3 自由遊びのときに使える遊具／教材が不適切である（例：ほとんど遊具がないか、壊れたままあるいは不適切な遊具）。＊
- 1.4 ほとんどの場合、子どもが意味のあるやり方で活動をやりとげることができない（例：他の子どもに遊びが妨げられる、子どもがその気持ちになる前に遊びの時間がしばしば打ち切られる）。

2

〈最低限〉3
- 3.1 観察時間中に自由遊びの時間がある。
- 3.2 自由遊びの間、見守りや保育者との関わりがある（例：子どもの遊びに妨げが入らないようにする、子どもの使っているおもちゃの名前を言う、子どもが遊びを見つけられるように助ける）。
- 3.3 観察したどの年齢の子どもも、ふさわしいおもちゃで適度な時間遊んでいる。＊
- 3.4 子どもが、遊びがしばしば妨げられて不機嫌になることがない。

4

〈よい〉5
- 5.1 観察時間を通して、遊具／教材を使うのに不自由があまり見られない。＊
- 5.2 グループ内のどの年齢の子どもも使える多量で多様な遊具／教材がある＊
- 5.3 保育者は、建設的に自由遊びができるように状況を整えている（例：乱雑なものを片付ける、必要に応じておもちゃを置き換える）。　*1度の観察*
- 5.4 保育者は、1人で遊ぶか他の子どものそばで遊ぶかの好みを尊重し、子どもにまだ準備ができていないのに一緒に遊ばせることはしない。

6

〈とてもよい〉7
- 7.1 観察時間中に室内と戸外で、天候が許す限り自由遊びがあり、遊具／教材が使えないことがない。＊
- 7.2 保育者は、自由遊びの間、子どもの知識を広げるように語彙豊かに話しかける。
- 7.3 保育者は、自由遊びの間、頻繁に子どもと肯定的なやりとりをする（例：子どもが必要な遊具／教材を手に入れるのを助ける、どうやってうまく使うか見せる、遊びについて子どもと話す）。＊

【注　釈】

＊　"自由遊び"とは、子どもが遊具／教材や一緒に遊ぶ相手を選ぶことができ、可能な限り独自に遊ぶことを意味している。保育者が遊びに誘ったとしても、子どものやりたいことに応じるのを第一とする。自分で動けない子どもは、自由に遊具／教材が選べ、いろいろなものに手が届くようにしてもらう。この項目に関しては、子どもが使える室内外の場所、園庭や粗大運動遊びの場を含み、全部の自由遊びの時間を考慮する。

1.3、3.3、5.1、5.2、7.1　自由遊びの時間やそのときに使える遊具／教材については用語解説を参照のこと。

5.2　室内と戸外の両方で、量と種類の多い遊具／教材で遊べるようになっていなくてはならない。何か取り合いのトラブルが生じたとしても、すぐに解決されて子どもの興味が損なわれないようにすべきである。十分な遊具／教材があり、子どもが遊びこめるようになっていなくてはならない。もし子どもが興味のあることが見つけられずにいたら、保育者が助けて、うまく遊べるようにしなくてはならない。

7.1　"天候が許す限り"については用語解説を参照のこと。この指標について「無回答」はありえず、12か月未満の子どもも、発達過程に応じて可能な限り戸外での自由遊びを行わなくてはならない。この指標に関しては、どの年齢に関しても、最低限の時間は設定されていない。

7.3　評点を与えるには、自由遊びの間に保育者とのやりとりがないままに、どの子どもも完全に無視されることがあってはならない。自由遊びのときに保育者が子どもの間を回るのは標準的な実践であり、どの子どもとも何らかのやりとりが行われるべきである。

サブスケール6 ▶ 保育の構造

項目33　集団での遊び＊

〈不適切〉1
- 1.1　子どもは、保育者主導の、興味がない活動に参加しなくてはならない（例：お話の時間にむりやり座らされる、落ち着かず集団の活動から離れようとしている）。＊
- 1.2　集団で行われる活動が、ほとんどの子どもにふさわしくない（例：何人かの子どもに内容がむずかしすぎる、活動の時間が長すぎる）。
- 1.3　保育者が、うまく参加できない子どもに否定的に接する。

2

〈最低限〉3
- 3.1　集団で行われる活動は、たいてい適切である（例：子どもが生き生きと参加している、グループの人数が適度である）。
- 3.2　保育者は、うまく活動に入れない子どもに否定的に対応することはほとんどなく、必要ならば穏やかに呼びかけ、子どもにストレスを与えない。

4

〈よい〉5
- 5.1　子どもたちは集団での活動を決して強制されない（例：子どもはグループを離れてほかの遊びをしてもよい）。＊
- 5.2　保育者は、子どもが集団での活動に加わったり離れたりするのに柔軟に対応する（例：活動に加わる子ども全員に行き渡るように遊具や素材を十分に揃える、途中から入る子どもに場所を作る、子どもの興味が薄れてきたらやめる。
- 5.3　参加していない／うまくなじめない子どもには、他の活動で遊べるようにしてある。＊

6

〈とてもよい〉7
- 7.1　グループ内のすべての子どもが集団の活動に喜んで参加している。
- 7.2　集団の活動は、通常、クラス全体よりも小集団での活動で行われる（例：年少の子どもや問題を起こす子どもはより小さな集団で活動する）。＊
- 7.3　保育者は子どもの状況に応じて集団での活動への参加を促す（例：落ち着きのない子どもを抱いている、聞くことに困難のある子どもに手話を使う）。

【注　釈】
* ここで取り上げる"集団での遊び"とは、保育者が主導し、すべての子どもが参加することを期待すものである。もし集団での遊びが観察されなかったら「無回答」とする。この項目は、遊びと学びの活動に関わるものであり、日常の決まった活動や移行のときを含んでいない。また、自由遊びのなかでよくある、自然と生まれてきたグループで子どもが皆と同じことをして楽しむような活動でもない（例：お互いに親しく数人で遊ぶ、保育者と一緒に遊ぶ、一般的な見守りのもとにごっこ遊びをする）。さらに、この項目では、すべての子どもが参加することを期待しない保育者主導の活動や、自由遊びのなかでやりたいと思う子どもだけが参加する活動を意味してはいない。たとえば、自由遊びの間に、保育者がしたい子どもだけを誘う造形活動などである。この場合、するかしないかを全員が選ぶことができ、もしそうしたければやりたいことを続けられる。

1.1、5.1　もし子どもが活動の始まるときに参加するよう強く励まされ（強制されるのではない）、すぐに喜んで参加し、活動を楽しんでいることが明らかなら、1.1は「いいえ」となり、5.1では子どもが活動になじめないのに繰り返し参加を促され、離れたりほかのことをしたりするのに活動が用意されていなかった場合のみ「いいえ」となる。

5.3　"遊べる"については用語解説を参照のこと。

7.2　グループがかなりの少人数であるとか（たとえばクラスの定員が少ない）、問題が起こらず（強く規制することなく）、子どもが自分から遊びに加わり楽しく活動を経験して入れば「はい」とする。

スコアシート〈0・1・2歳〉

観察者名　〔　　　　　　　〕＊　　観察日　　　　　　年　　月　　日

園（所）名　〔　　　　　　　〕＊　　子どもの年齢（あてはまるものすべてに○）

保育室名　〔　　　　　　　〕　　　〔 0・1・2 〕歳児クラス

保育者　〔　　　　　人 〕＊　　最年少誕生日　　年　月　日（　歳）

　メモ：　　　　　　　　　　　　最年長誕生日　　年　月　日（　歳）

　　　　　　　　　　　　　　　　年（月）齢　　0〜6か月未満〔　　〕人

　　　　　　　　　　　　　　　　　　　　　　6か月〜1歳未満〔　　〕人

在籍人数　　　　　　　〔　　〕人　　　　　　1歳〜1歳6か月未満〔　　〕人

観察時間中の最大人数（出席）〔　　〕人　　　1歳6か月〜2歳未満〔　　〕人

入園して1か月たたない子ども〔　　〕人　　　2歳〜2歳半未満〔　　〕人

障がい児在籍数　　　　〔　　〕人　　　　　　2歳半〜3歳未満〔　　〕人

　障がいの種類　　　　　　　　　　　　　　　　　3歳以上〔　　〕人

　　□身体／感覚　　□認知／言語　　観察開始時間　　　　時　　　　分

　　□対人関係／情緒　□その他〔　　〕　観察終了時間　　　　時　　　　分

　　　　　　　　　　　　　　　　　　＊ 記入必須

　　　　　　　　　　　　　　　　　　＊＊ 網掛け部分は必要に応じて記入

空　間　と　家　具

1. 室内空間　　　　　　　　　　　　　　1 2 3 4 5 6 7

　　はい いいえ　　　はい いいえ　　　はい いいえ　　　はい いいえ　　　3.5と7.2の状況

1.1 □ □　　3.1 □ □　　5.1 □ □　　7.1 □ □

1.2 □ □　　3.2 □ □　　5.2 □ □　　7.2 □ □

1.3 □ □　　3.3 □ □

1.4 □ □　　3.4 □ □

　　　　　　3.5 □ □

2. 養護・遊び・学びのための家具　　　　1 2 3 4 5 6 7

　　はい いいえ　　はい いいえ 無回答　はい いいえ 無回答　はい いいえ 無回答　7.2 子どもサイズの椅子やテーブルがあるか

1.1 □ □　　3.1 □ □ □　　5.1 □ □ □　　7.1 □ □ □

1.2 □ □　　3.2 □ □ □　　5.2 □ □ □　　7.2 □ □ □

1.3 □ □　　3.3 □ □ □　　5.3 □ □ □　　7.3 □ □ □

1.4 □ □　　3.4 □ □ □

　　　　　　3.5 □ □ □

3．室内構成　　　　　　　　　　　　　　　　　　　　　　1 2 3 4 5 6 7

	はい いいえ		はい いいえ 無回答		はい いいえ		はい いいえ
1.1	☐ ☐	3.1	☐ ☐ ☐	5.1	☐ ☐	7.1	☐ ☐
1.2	☐ ☐	3.2	☐ ☐	5.2	☐ ☐	7.2	☐ ☐
		3.3	☐ ☐	5.3	☐ ☐ ☐	7.3	☐ ☐
		3.4	☐ ☐			7.4	☐ ☐ ☐
		3.5	☐ ☐				

3.1　家具

3.1、3.5、5.1、5.3　遊びの場

5.1　活動センター

7.4　くつろぎの場〔有　無〕

4．子どもに関係する展示　　　　　　　　　　　　　　　1 2 3 4 5 6 7

	はい いいえ		はい いいえ 無回答		はい いいえ		はい いいえ
1.1	☐ ☐	3.1	☐ ☐ ☐	5.1	☐ ☐	7.1	☐ ☐
1.2	☐ ☐	3.2	☐ ☐	5.2	☐ ☐	7.2	☐ ☐
1.3	☐ ☐	3.3	☐ ☐	5.3	☐ ☐	7.3	☐ ☐
		3.4	☐ ☐	5.4	☐ ☐		

A．項目1-4 スコア合計__ __　　B．項目数__　　空間と家具 平均スコア（A÷B）__.__ __

養　護

5．食事／間食　　　　　　　　　　　　　　　　　　　　1 2 3 4 5 6 7

	はい いいえ		はい いいえ		はい いいえ		はい いいえ 無回答
1.1	☐ ☐	3.1	☐ ☐	5.1	☐ ☐	7.1	☐ ☐ ☐
1.2	☐ ☐	3.2	☐ ☐	5.2	☐ ☐	7.2	☐ ☐
1.3	☐ ☐	3.3	☐ ☐	5.3	☐ ☐	7.3	☐ ☐
1.4	☐ ☐	3.4	☐ ☐	5.4	☐ ☐	7.4	☐ ☐
1.5	☐ ☐	3.5	☐ ☐	5.5	☐ ☐	7.3	☐ ☐

1.3、3.3、5.3　手洗い（○有り×なし△部分的）

	子ども		おとな
食事前		食事の準備前	
食事後		食事後	

同じ流しが使われているか〔有　無〕

流しは消毒されているか〔有　無〕

テーブルやトレイの洗浄、消毒〔有　無〕

7.5　数量形について2回話していたか

6．オムツ交換／排泄　　　　　　　　　　　　　　　　　1 2 3 4 5 6 7

	はい いいえ		はい いいえ		はい いいえ		はい いいえ
1.1	☐ ☐	3.1	☐ ☐	5.1	☐ ☐	7.1	☐ ☐
1.2	☐ ☐	3.2	☐ ☐	5.2	☐ ☐	7.2	☐ ☐
1.3	☐ ☐	3.3	☐ ☐	5.3	☐ ☐	7.3	☐ ☐
1.4	☐ ☐	3.4	☐ ☐	5.4	☐ ☐		

1.1、3.1　オムツ交換の手続き
- 事前
- 使用済みオムツの処理
- 子どもの手の清拭
- おとなの手の清拭
- オムツ交換場所の消毒

1.1、3.1　（同じ流し）消毒〔有　無〕

1.1、3.1　手洗い

5.4、7.3　「教える」ことがあるか

7．保健衛生　　　　　　　　　　　　　　　　　　　1 2 3 4 5 6 7

	はい いいえ 無回答		はい いいえ 無回答		はい いいえ 無回答		はい いいえ
1.1	☐ ☐	3.1	☐ ☐	5.1	☐ ☐	7.1	☐ ☐
1.2	☐ ☐	3.2	☐ ☐	5.2	☐ ☐	7.2	☐ ☐
1.3	☐ ☐	3.3	☐ ☐	5.3	☐ ☐	7.3	☐ ☐
1.4	☐ ☐	3.4	☐ ☐	5.4	☐ ☐		
1.5	☐ ☐	3.5	☐ ☐	5.5	☐ ☐		

1.2、3.2、5.2　手洗いの場面
- 登園時あるいは戸外から戻ってきたとき
- 砂／水遊びや汚れる遊びをした後
- 水遊びや濡れた素材を共同で使う前後
- 体液や炎症のある皮膚に触れた後
- 動物や汚染されたものに触った後

5.5、7.3　「教える」ことがあるか

8．安　全　　　　　　　　　　　　　　　　　　　1 2 3 4 5 6 7

	はい いいえ 無回答		はい いいえ 無回答		はい いいえ		はい いいえ
1.1	☐ ☐	3.1	☐ ☐	5.1	☐ ☐	7.1	☐ ☐
1.2	☐ ☐	3.2	☐ ☐	5.2	☐ ☐	7.2	☐ ☐
1.3	☐ ☐	3.3	☐ ☐	5.3	☐ ☐	7.3	☐ ☐
1.4	☐ ☐	3.4	☐ ☐	5.4	☐ ☐	7.4	☐ ☐

1.1、3.1　安全面のハザード

	大きい	小さい
室内		
戸外		

5.4　安全ルールについての説明

A．項目5-8　スコア合計＿＿　　B．項目数＿＿　　養護　平均スコア（A÷B）＿．＿＿

言　葉　と　絵　本

9．子どもと話す　　　　　　　　　　　　　　　　1 2 3 4 5 6 7

	はい いいえ		はい いいえ		はい いいえ		はい いいえ
1.1	☐ ☐	3.1	☐ ☐	5.1	☐ ☐	7.1	☐ ☐
1.2	☐ ☐	3.2	☐ ☐	5.2	☐ ☐	7.2	☐ ☐
1.3	☐ ☐	3.3	☐ ☐	5.3	☐ ☐		
1.4	☐ ☐	3.4	☐ ☐				

3.4、7.2　言葉遊びの例

10．語彙の拡大　　　　　　　　　　　　　　　　　1 2 3 4 5 6 7

	はい いいえ		はい いいえ		はい いいえ		はい いいえ
1.1	☐ ☐	3.1	☐ ☐	5.1	☐ ☐	7.1	☐ ☐
1.2	☐ ☐	3.2	☐ ☐	5.2	☐ ☐	7.2	☐ ☐
1.3	☐ ☐	3.3	☐ ☐	5.3	☐ ☐	7.3	☐ ☐
				5.4	☐ ☐		

5.3　"今ここで" 以外の話（2例）

5.4　対比（2例）

7.2　言葉の説明（2例）

11．子どもからのコミュニケーションへの応答　　　1 2 3 4 5 6 7

	はい いいえ		はい いいえ		はい いいえ		はい いいえ 無回答
1.1	☐ ☐	3.1	☐ ☐	5.1	☐ ☐	7.1	☐ ☐
1.2	☐ ☐	3.2	☐ ☐	5.2	☐ ☐	7.2	☐ ☐
1.3	☐ ☐	3.3	☐ ☐	5.3	☐ ☐	7.3	☐ ☐ ☐
		3.4	☐ ☐	5.4	☐ ☐		

5.4　子どもの行為を言葉にする（2例）

7.3　言葉やアイデアの付け加え（1例）

12. 子どもからのコミュニケーションの促進				1 2 3 4 5 6 7
1.1 はい いいえ ☐ ☐	3.1 はい いいえ ☐ ☐	5.1 はい いいえ ☐ ☐	7.1 はい いいえ ☐ ☐	3.1、5.1、7.1 会話のリード
1.2 ☐ ☐	3.2 ☐ ☐	5.2 ☐ ☐	7.2 ☐ ☐	7.2 適切な質問
1.3 ☐ ☐	3.3 ☐ ☐	5.3 ☐ ☐	7.3 ☐ ☐	
	3.4 ☐ ☐	5.4 ☐ ☐		

13. 保育者による絵本の使用				1 2 3 4 5 6 7
1.1 はい いいえ ☐ ☐	3.1 はい いいえ ☐ ☐	5.1 はい いいえ ☐ ☐	7.1 はい いいえ 無回答 ☐ ☐	1.4 不適切な本（暴力、脅威）〔有　無〕
1.2 ☐ ☐	3.2 ☐ ☐	5.2 ☐ ☐	7.2 ☐ ☐	5.1　1例
1.3 ☐ ☐	3.3 ☐ ☐	5.3 ☐ ☐	7.3 ☐ ☐ ☐	5.3　2例
1.4 ☐ ☐	3.4 ☐ ☐	5.4 ☐ ☐		5.4　1例
		5.5 ☐ ☐		7.1　2例
				7.2　2例
				7.3　1例

14. 絵本に親しむ環境				1 2 3 4 5 6 7
1.1 はい いいえ ☐ ☐	3.1 はい いいえ 無回答 ☐ ☐	5.1 はい いいえ 無回答 ☐ ☐	7.1 はい いいえ 無回答 ☐ ☐	7.2 興味を拡げる個別的関わり
1.2 ☐ ☐	3.2 ☐ ☐	5.2 ☐ ☐	7.2 ☐ ☐	
1.3 ☐ ☐	3.3 ☐ ☐ ☐	5.3 ☐ ☐ ☐	7.3 ☐ ☐	

A. 項目 9-14 スコア合計＿＿　　B. 項目数＿　　**言葉と絵本 平均スコア（A÷B）＿.＿＿**

活　動

15. 微細運動（手や指を使う）				1 2 3 4 5 6 7
1.1 はい いいえ ☐ ☐	3.1 はい いいえ ☐ ☐	5.1 はい いいえ ☐ ☐	7.1 はい いいえ ☐ ☐	1.1、3.1、5.1（事例）
1.2 ☐ ☐	3.2 ☐ ☐	5.2 ☐ ☐	7.2 ☐ ☐	7.2 保育者が興味を示す
1.3 ☐ ☐	3.3 ☐ ☐	5.3 ☐ ☐	7.3 ☐ ☐	7.3 コメントや質問
	3.4 ☐ ☐	5.4 ☐ ☐		

16. 造　形				1 2 3 4 5 6 7 無回答
1.1 はい いいえ ☐ ☐	3.1 はい いいえ 無回答 ☐ ☐	5.1 はい いいえ 無回答 ☐ ☐	7.1 はい いいえ 無回答 ☐ ☐	1.2 有毒なものがないか〔有　無〕
1.2 ☐ ☐	3.2 ☐ ☐	5.2 ☐ ☐	7.2 ☐ ☐	3.4 色について話す
1.3 ☐ ☐	3.3 ☐ ☐	5.3 ☐ ☐	7.3 ☐ ☐	5.3 作品についての話（2例）
	3.4 ☐ ☐	5.4 ☐ ☐	7.4 ☐ ☐	7.1 概念を知らせる
	3.5 ☐ ☐			7.2　使い方を教える
				7.3　話しかけ
				7.4　表題を付ける

17. 音楽リズム   　1 2 3 4 5 6 7

	はい いいえ		はい いいえ 無回答		はい いいえ 無回答		はい いいえ 無回答
1.1	☐ ☐	3.1	☐ ☐ ☐	5.1	☐ ☐ ☐	7.1	☐ ☐ ☐
1.2	☐ ☐	3.2	☐ ☐	5.2	☐ ☐	7.2	☐ ☐
1.3	☐ ☐	3.3	☐ ☐	5.3	☐ ☐	7.3	☐ ☐
		3.4	☐ ☐				

3.1、5.1　おもちゃ、楽器の種類

5.2　個別の活動（1例）

7.2　音楽の形（1例）

18. 積み木   　1 2 3 4 5 6 7

3.1、5.1、7.1　ブロックのタイプと量
5.2　分類してあるか
5.4　積み木について話しているか（2例）

7.3　概念について話しているか（1例）

7.4　話したり、見本を作ったりしているか（1例）

19. ごっこ（見たて・ふり・つもり）遊び   　1 2 3 4 5 6 7

3.1、5.1　ごっこ遊びの遊具／教材

3.4　ものの名前など言う（2例）

5.4　肯定的な関わり（2例）

7.3　関わりと適切な言葉（3例）

20. 自然／科学   　1 2 3 4 5 6 7

5.2　植物、小動物

5.3　保育者が自然科学について話す（1例）

7.3　保育者が自然科学について関心を引く（3例）

21. 数・量・形など   　1 2 3 4 5 6 7

3.2　指さして数えているか（1例）
5.2　比較しているか（1例）
5.3　楽しく数えているか（2例）
5.4　手遊び等をしているか（1例）
7.1　数字に気づかせる（1例）
7.3　指で数を示す（1例）

スコアシート

22. ICTの活用　　　　　　　　　　　　　1　2　3　4　5　6　7　無回答

　　　　はい いいえ 無回答　　　はい いいえ 無回答　　　はい いいえ 無回答　　はい いいえ
1.1 ☐ ☐　　3.1 ☐ ☐　　5.1 ☐ ☐　　7.1 ☐ ☐
1.2 ☐ ☐ ☐　3.2 ☐ ☐ ☐　5.2 ☐ ☐ ☐　7.2 ☐ ☐
1.3 ☐ ☐ ☐　3.3 ☐ ☐ ☐　5.3 ☐ ☐ ☐

23. 多様性の受容　　　　　　　　　　　　　1　2　3　4　5　6　7

　　　はい いいえ　　　はい いいえ　　　はい いいえ　　　はい いいえ
1.1 ☐ ☐　　3.1 ☐ ☐　　5.1 ☐ ☐　　7.1 ☐ ☐　　7.1 子どもの自分らしさを認め、支えているか (例)
1.2 ☐ ☐　　3.2 ☐ ☐　　5.2 ☐ ☐　　7.2 ☐ ☐
1.3 ☐ ☐　　3.3 ☐ ☐　　　　　　　　　　　　　　7.2 活動のなかでの多様性の推進（1例）
　　　　　　3.4 ☐ ☐

24. 粗大運動（身体を大きく動かす）遊び　　　1　2　3　4　5　6　7

　　　はい いいえ　　　はい いいえ 無回答　　はい いいえ 無回答　はい いいえ 無回答
1.1 ☐ ☐　　3.1 ☐ ☐　　5.1 ☐ ☐　　7.1 ☐ ☐　　1.2、1.3、3.3、5.3、7.4　設備・用具の例
1.2 ☐ ☐　　3.2 ☐ ☐ ☐　5.2 ☐ ☐　　7.2 ☐ ☐
1.3 ☐ ☐　　3.3 ☐ ☐ ☐　5.3 ☐ ☐ ☐　7.3 ☐ ☐ ☐
　　　　　　3.4 ☐ ☐　　　　　　　　　　7.4 ☐ ☐ ☐
　　　　　　3.5 ☐ ☐

A. 項目15-24 スコア合計 __ __　　B. 項目数 __　　活動 平均スコア（A÷B）__.__ __

相　互　関　係

25. 粗大運動遊びの見守り　　　　　　　　　　1　2　3　4　5　6　7

　　　はい いいえ　　　はい いいえ　　　はい いいえ　　　はい いいえ
1.1 ☐ ☐　　3.1 ☐ ☐　　5.1 ☐ ☐　　7.1 ☐ ☐　　7.1 粗大運動遊びを主導しているか
1.2 ☐ ☐　　3.2 ☐ ☐　　5.2 ☐ ☐　　7.2 ☐ ☐
1.3 ☐ ☐　　3.3 ☐ ☐　　5.3 ☐ ☐　　　　　　　　7.2 新しい技能、難しい遊び
1.4 ☐ ☐

26. 見守り（粗大運動遊び以外）　　　　　　　1　2　3　4　5　6　7

　　　はい いいえ　　　はい いいえ　　　はい いいえ　　　はい いいえ
1.1 ☐ ☐　　3.1 ☐ ☐　　5.1 ☐ ☐　　7.1 ☐ ☐　　5.4 保育者主導の遊びなど（2例）
1.2 ☐ ☐　　3.2 ☐ ☐　　5.2 ☐ ☐　　7.2 ☐ ☐
1.3 ☐ ☐　　3.3 ☐ ☐　　5.3 ☐ ☐　　7.3 ☐ ☐　　7.2 １人ひとりに応じているか
　　　　　　　　　　　　　5.4 ☐ ☐　　7.4 ☐ ☐

27. 子どもどうしのやりとり   1 2 3 4 5 6 7

	はい いいえ	はい いいえ	はい いいえ	はい いいえ	
1.1	☐ ☐	3.1 ☐ ☐	5.1 ☐ ☐	7.1 ☐ ☐	7.1 行動、興味、感じたことを言葉にする（2例）
1.2	☐ ☐	3.2 ☐ ☐	5.2 ☐ ☐	7.2 ☐ ☐	
		3.3 ☐ ☐	5.3 ☐ ☐		7.2 肯定的なやりとりを取り上げる（1例）
			5.4 ☐ ☐		

28. 保育者と子どものやりとり   1 2 3 4 5 6 7

	はい いいえ	はい いいえ	はい いいえ	はい いいえ
1.1	☐ ☐	3.1 ☐ ☐	5.1 ☐ ☐	7.1 ☐ ☐
1.2	☐ ☐	3.2 ☐ ☐	5.2 ☐ ☐	7.2 ☐ ☐
1.3	☐ ☐		5.3 ☐ ☐	
			5.4 ☐ ☐	

29. あたたかな身体的関わり   1 2 3 4 5 6 7

	はい いいえ	はい いいえ	はい いいえ	はい いいえ
1.1	☐ ☐	3.1 ☐ ☐	5.1 ☐ ☐	7.1 ☐ ☐
1.2	☐ ☐	3.2 ☐ ☐	5.2 ☐ ☐	7.2 ☐ ☐
1.3	☐ ☐	3.3 ☐ ☐	5.3 ☐ ☐	
		3.4 ☐ ☐		

30. 望ましいふるまいの導き   1 2 3 4 5 6 7

	はい いいえ	はい いいえ	はい いいえ	はい いいえ 無回答	
1.1	☐ ☐	3.1 ☐ ☐	5.1 ☐ ☐	7.1 ☐ ☐	3.4、5.4 良いふるまいに関心を示す
1.2	☐ ☐	3.2 ☐ ☐	5.2 ☐ ☐	7.2 ☐ ☐ ☐	5.5 してはいけないことの理由の説明
1.3	☐ ☐	3.3 ☐ ☐	5.3 ☐ ☐	7.3 ☐ ☐	7.1 したことの影響に気づくようにする
1.4	☐ ☐	3.4 ☐ ☐	5.4 ☐ ☐		7.2 口で言うように言う
			5.5 ☐ ☐		

A. 項目25-30 スコア合計__　　B. 項目数__　　相互関係 平均スコア（A÷B）__.__ __

保 育 の 構 造

31. 日課と移行時間   1 2 3 4 5 6 7 無回答

	はい いいえ	はい いいえ	はい いいえ	はい いいえ	
1.1	☐ ☐	3.1 ☐ ☐	5.1 ☐ ☐	7.1 ☐ ☐	1.5、7.3 待ち時間
1.2	☐ ☐	3.2 ☐ ☐	5.2 ☐ ☐	7.2 ☐ ☐	
1.3	☐ ☐	3.3 ☐ ☐	5.3 ☐ ☐	7.3 ☐ ☐	7.2 スムーズな移行（例）
1.4	☐ ☐	3.4 ☐ ☐			
1.5	☐ ☐				

32. 自由遊び　　　　　　　　　　　　　　　　　　　　　　　| 1　2　3　4　5　6　7 |

　　　はい いいえ　　　　はい いいえ　　　　はい いいえ　　　　はい いいえ
　1.1 ☐ ☐　　3.1 ☐ ☐　　5.1 ☐ ☐　　7.1 ☐ ☐　　5.3 自由遊びの状況を整えているか

　1.2 ☐ ☐　　3.2 ☐ ☐　　5.2 ☐ ☐　　7.2 ☐ ☐　　7.2 語彙豊かに話しかけているか

　1.3 ☐ ☐　　3.3 ☐ ☐　　5.3 ☐ ☐　　7.3 ☐ ☐

　1.4 ☐ ☐　　3.4 ☐ ☐　　5.4 ☐ ☐

33. 集団での遊び　　　　　　　　　　　　　　　　　　　　　| 1　2　3　4　5　6　7　無回答 |

　　　はい いいえ　　　　はい いいえ　　　　はい いいえ　　　　はい いいえ
　1.1 ☐ ☐　　3.1 ☐ ☐　　5.1 ☐ ☐　　7.1 ☐ ☐

　1.2 ☐ ☐　　3.2 ☐ ☐　　5.2 ☐ ☐　　7.2 ☐ ☐

　1.3 ☐ ☐　　　　　　　　5.3 ☐ ☐　　7.3 ☐ ☐

A. 項目31-33 スコア合計 __ __　　B. 項目数 __　　保育の構造 平均スコア（A÷B）__.__ __

全体スコアと平均スコア

	スコア	評定した項目数	平均スコア
空間と家具			
養　護			
言語と絵本			
活　動			
相互関係			
保育の構造			
全　体			

プロフィール〈0・1・2歳〉

施設名　　　　　　観察1　　年　　月　　日（　）　　観察者
保育者／クラス　　観察2　　年　　月　　日（　）　　観察者

Ⅰ．空間と家具（1-4）
　　観察1　　観察2
　サブスケールの平均評点

1. 室内空間
2. 養護・遊び・学びのための家具
3. 室内構成
4. 子どもに関係する展示

Ⅱ．養　護（5-8）

5. 食事／間食
6. オムツ交換／排泄
7. 保健衛生
8. 安　全

Ⅲ．言葉と絵本（9-14）

9. 子どもと話す
10. 語彙の拡大
11. 子どもからのコミュニケーションへの応答
12. 子どもからのコミュニケーションの促進
13. 保育者による絵本の使用
14. 絵本に親しむ環境

Ⅳ．活　動（15-24）

15. 微細運動（手や指を使う）
16. 造　形
17. 音楽リズム
18. 積み木
19. ごっこ（見たて・ふり・つもり）遊び
20. 自然／科学
21. 数・量・形など
22. ICTの活用
23. 多様性の受容
24. 粗大運動（身体を大きく動かす）遊び

Ⅴ．相互関係（25-30）

25. 粗大運動遊びの見守り
26. 見守り（粗大運動遊び以外）
27. 子どもどうしのやりとり
28. 保育者と子どものやりとり
29. あたたかな身体的関わり
30. 望ましいふるまいの導き

Ⅵ．保育の構造（31-33）

31. 日課と移行時間
32. 自由遊び
33. 集団での遊び

サブスケールの評点の平均

空間と家具
養　護
言葉と絵本
活　動
相互関係
保育の構造

付録1 ▶ 園内（公開）研修の手引き

1．準備物　　　　スコアシート（pp.69-76）のコピー×人数／部
　　　　　　　　共同観察シート（pp.79-80）のコピー×人数／部
　　　　　　　　プロフィール（p.77）×人数／部
　　　　　　　　スケールは参加者が各自1冊持ちます。
　　　　　　　　　　　　（＊スケールの本のコピーは違法ですのでご遠慮ください）

2．スケジュール
- 保育が最も活発に行われている午前中3時間の観察が基本ですが、研修の場合は状況に応じて多少の柔軟性をもたせましょう。
- 観察に集中するために写真撮影は原則禁止です。
- 必要と状況に応じ、主催者は写真のための時間を別途設定します。
- 観察終了後に検討会を行います。

　　　　　【例】　8時半…集合：スコアシートの表紙に必要な情報を記入する。
　　　　　　　　　　　　　　その他、主催者より連絡・注意事項を伝える。
　　　　　　　　　9時…観察開始
　　　　　　　　　12時…観察終了
　　　　　　　　　　　＜昼食休憩＞
　　　　　　　　　13時…検討会開始
　　　　　　　　　15～16時…検討会修了

3．検討会の進め方
① 1人がリーダーとなり、全員がお互いに顔が見える形で座る。
　　＊リーダーは、至適規準をもつ人が望ましいが、グループの中で最もスケールについて経験のある人が妥当です。しかしある程度スケールに慣れてきたら交代でリーダーを務めることもよい経験になります。
② 項目ごとに、指標などわかりにくいことや確認したいことがあれば質問する。
③ 点数を順に言い合う。リーダーは最後に言う。
④ リーダーが適宜指名し、指名された人は点数の根拠を伝える。
⑤ 最後にリーダーがその項目についての合意点を判断し、その根拠を伝える。
　　＊このときは平均点を出すという方法ではなく、全員の話し合いで納得のいく点数となるようにします。
　　＊合意の点数の±1点は同点とみなし、各自が該当の欄に✓を入れます。このチェックの数を項目数で割ったものがその人の「信頼性」の度合いです。

4．ポイント
　観察後の話し合いは誰もが率直に自分の意見を言える場としましょう。
　この話し合いが充実することが「点数を出す」ことよりはるかに大切なことです。

付録2 ▶ 共同観察シート （観察者間信頼性確認）〈0・1・2歳〉

日　付												
観察園（所）					クラス							
観察者											合意	±
空間と家具												
1．室内空間												
2．養護・遊び・学びのための家具												
3．室内構成												
4．子どもに関係する展示												
養　護												
5．食事／間食												
6．オムツ交換／排泄												
7．保健衛生												
8．安　全												
言葉と絵本												
9．子どもと話す												
10．語彙の拡大												
11．子どもからのコミュニケーションへの応答												
12．子どもからのコミュニケーションの促進												
13．保育者による絵本の使用												
14．絵本に親しむ環境												
活　動												
15．微細運動（手や指を使う）												
16．造　形												
17．音楽リズム												
18．積み木												
19．ごっこ（見たて・ふり・つもり）遊び												

観察者										合意	±1
20. 自然／科学											
21. 数・量・形など											
22. ICTの活用											
23. 多様性の受容											
24. 粗大運動（身体を大きく動かす）遊び											
相互関係											
25. 粗大運動遊びの見守り											
26. 見守り（粗大運動遊び以外）											
27. 子どもどうしのやりとり											
28. 保育者と子どものやりとり											
29. あたたかな身体的関わり											
30. 望ましいふるまいの導き											
保育の構造											
31. 日課と移行時間											
32. 自由遊び											
33. 集団での遊び											
全体得点											
±1の範囲での一致の%											

総合・平均スコア

サブスケール	合計点	項目数	平均スコア
空間と家具			
養　護			
言葉と絵本			
活　動			
相互関係			
保育の構造			
合　計			

解説：新・保育環境評価スケール〈0・1・2歳〉(2017) について
——ITERS-RからITERS-3へ——

＊注：原著では【導入】として冒頭にあるものですが、日本語版では使用の便宜を図って解説としました。
旧版『保育環境評価スケール②乳児版』のスケールと区別するために、日本語版では『新・保育環境評価スケール②0・1・2歳』といいます。

ITERSの3番目のバージョンである本書は、先のITERS、ITERS-R（邦訳：『保育環境評価スケール②乳児版』）との連続性、すなわち総合的で世界共通の質の定義と、保育の**質**を示す根拠を保育観察に求めその観察の**信頼性**を2つの大きな特性として保ちつつ、内容と手続きの大きな革新を行ったものです。身体的、社会—情緒的、認知的領域を総合して乳幼児期の発達と教育をとらえ、同時に保健衛生と安全を担保するという考え方に変わりはありません。物理的な環境、子どもどうしおよび重要なおとなとの関係、子どもとのやりとりを前提とした指導をみていくものです。「教えることTeaching」の多くは、毎日の遊びやルーチン【訳注：身の回りの始末、片づけ、食事、トイレ等決まってすること】のなかで、先生と子どもの相互関係を通してなされているのです。

初版のITERS（Harms, Cryer & Clifford, 1990）は7のサブスケールのもとに34項目で構成されていました。それぞれの項目は、1点から7点の7段階の点数で表されますが、これらは4段階の質のレベルに分けられています。4段階の質がどういうことを意味するかについては説明文があります。次の改訂版ITERS-R（Revised, Harms, Cryer & Clifford, 2003）は、7のサブスケールのもとに39項目で構成されています。この改訂版では、各項目の質の4段階のそれぞれのグループに属する指標に番号が振られ、点数化が容易になると同時に質の向上に向けて何をすればよいかがわかりやすく示されるようになりました。ITERS-Rアップデート版（Harms, Cryer & Clifford, 2006）はITERS-Rと同じサブスケールと項目で構成されていますが、注釈を詳しくし、スコアシートを拡大しました。ITERS-3の土台となったのは、このアップデート版です。保育室での観察を基礎にして指標により評価するというやり方は保持し、現在の知識と現場での実践を反映させて、項目と指標を大きく改訂しました。

これまでのITERSは、大多数の子どもが生後30か月（2歳半）のクラスに適用されていました。ITERS-3は、年齢を36か月（3歳）までとし、0から3歳までの範囲を対象としました。この延長はアメリカ国内での乳幼児保育の事情に即しており、ECERS-3が3歳以上に適用されることと対応しています。

スコアリング（評定）については、それぞれの指標について「はい／いいえ」で判断し、それに基づいて1～7点のスコア（評点）を決めるというやり方は同じです。7のサブスケールのうち6は保持し、〈保護者と保育者〉というサブスケールはさほど結果に差が出ないことと、インタビューによる回答に依存するということで取り除きました。全体のスコアの計算の仕方はITERS-Rと同じです。さらに、項目のスコアを出すためにだけでなく、全指標のスコアリングを行うことを勧めています。それにより、質を細かく見ていくことと、質の向上に役立てることができます。

改訂のプロセスでは、いくつかの知見を参考としました。子どもの発達や乳幼児期の教育の最新の動向、ICTの導入など差し迫った課題、保健や安全についてです。文献のレビューにより、

ITERS-3が昨今の知見や乳幼児の発達を支える研究に基づく実践と歩みを共にしていることが確認されました。このような広範囲の文献等のすべてをここで取り上げる紙幅はありませんが、主だったものとして以下のものがあります。

- *Developmentally Appropriate Practice in Early Childhood Programs Serving Children from Birth through Age 8*（Copple & Bredekamp, 2009）National Association for the Educations of Young Children ［NAEYC］
- *Developmentally Appropriate Practice: Focus on Infants and Toddleres*（Copple et al., 2013）NAEYC
- *Mind in Society: The Development of Higher Psychological Precesses*（Vigotsky, 1978）
- What Is Important in Early Childhood Mathematics?; *Mathematics Learning in Early Childhood* the National Council of Teachers of Mathematics ［NCTM］ position statement（2013）
- *Mathematics Learning in Early Childhood*（National Research Council, 2009）
- The joint position statement on thechnology and interactive media tools of NAEYC and the Fred Rogers Center for Early Learning anad Children's Media at Saint Vincent College（2012）
- *Preventing Reading Difficulties in Young Children*（National Ressearch Council, 1998）
- ASTM International's *Standard Consumer Safty Performance Specification for Public Use Play Equipment for Children 6 Months through 23 Months*（2011a）and *Standard Consumer Sfety Performance Specification for PlayGround Equipment for Public Use*（2011b）
- *Caring for Our Children: National Health and Safety Performance Standards*（American Academy of Pediatrics, American Public Health Association & National Resource Center for Health and Safety in Child Care and Early Education, 2011）
- *Public Playground Safety Handbook*（2010）the U.S. Consumer Product Safety Commision

次に改訂にあたって大きな情報源となったのは、ITERS-Rを用いて評価観察された1200の保育室のデータです。これらのデータを用いて、ITERS-Rの項目と指標を細部にわたり検討しました。そしてITERS-3の指標について修正・改善を図りました。

最後のそして厳しい情報源は現場の実践者、つまり保育室の先生、園長、ライセンス機関、コンサルタント、カレッジや養成機関、またトレーニングやアメリカ全域からの環境評価スケールデータを得て信頼性の確立を行なっているERSI（Environment Rating Scale Institue）の同僚との親密な関係とオープンなコミュニケーションによるものでした。著者ら自身による観察、観察者のトレーニング、調査研究、さらに自治体や州、全国規模での保育の質の評価と向上システムの実施（QRIS：Quality Rating Improve Systems）がこの改訂には大きな影響を与えています。

ITERS-3（2017）とITERS-Rアップデート版（2006）の大きな違い

- ITERS-Rは、子どもの大多数が30か月（2歳半）未満のクラスに適用される。
- ITERS-3は、年齢の幅を広げ、子どもの大多数が36か月未満のクラスに適用され、0・1・2歳のクラスに対応するようになった。

- ITERS-Rは、観察に基づく項目だけでなく、保育者へのインタビューに基づく項目がいくつかある。
- ITERS-3は、活動、相互関係および言語というような、現在進行中の保育についての項目だけで構成され、タイムサンプルとしての3時間に観察されたことだけを考慮する。遊具／教材や屋外の遊び場の安全について見直すこと、またルーチンであれば時間は追加できる。
- ITERS-Rは、7のサブスケールに分類された39の項目で成り立っている：空間と家具、個人的な日常のケア、聞くことと話すこと、活動、相互関係、保育の構造、保護者と保育者。
- ITERS-3は、6のサブスケールに分類された33の項目で成り立っている：空間と家具、養護、言葉と絵本、活動、相互関係、保育の構造。保護者と保育者というサブスケールは観察に基づくものではなく保育者等へのインタビューに基づくものであるので、取り除いた。登園／降園、午睡／休息のような、観察ができないことが多い項目についても取り除くか、修正をした。
- ITERS-Rは、子どもの手の届く遊具／教材の質と何点あるかについて細かく点検する。
- ITERS-3は、遊具／教材に対してよりも、子どもの学びを育てるために先生が遊具／教材をどのように活用しているか、より多くの注意を払う。
- ITERS-Rには、"聞くことと話すこと"について4項目ある。
- ITERS-3には、"言葉と絵本"について6項目があり、幼い子どもの発達を支えるにあたり言葉による相互関係の重要性に焦点を当てた。さらに、学びを導く、活動の中で先生がどのように言葉を用いるかを測定するように、特別の指標を加えている。
- ITERS-Rには、活動中の指導のスキルに焦点づけた異なるタイプの"活動"をアセスメントする10項目がある。
- ITERS-3には、生まれて間もないときから算数の学びは始まっているという認識に基づき、"数・量・形など"に関する項目がある。
- ITERS-Rには、"相互関係"について4項目ある。
- ITERS-3には、"相互関係"について6項目あり、幼い子どもの学びと発達について関係性が中心的な役割を果たすことを強調している。

ITERS-3の信頼性と妥当性

　ITERS-3は、広く使われ研究蓄積のあるITERS-Rおよびアップデート版（=*Infant/Toddlers Environment Rating Scale, Revised and Updated*）の改訂版であり、乳幼児期の集団保育の全体的な質を測定する一連のスケールのうちのひとつです。一連のスケールは共にアメリカ国内外の多くの国において大規模調査で使用されてきました。少しの例外を除いて（たとえばSabol & Pianta, 2014）広い範囲にわたる調査研究が、他の保育の質の測定法と、子どもの現在および長期的な認知的、言語、社会情緒的アウトカムに関しての関連という点で、信頼性と妥当性を示してきました（Bisceglia et al., 2009; Burchinal, Kainz & Cai 2011; Burchinal, Peisner-Feinberg et al. 2002; Burchinal, Roberts et al., 2006; Cryer et al. 1999; Gordon et.al., 2013; Harms, Clifford & Cryer 2005; Hulburn 1995; Henry et al. 2004; Hong et al., 2015; Iruka & Morgan, 2014; La Pre, Williamson & Hatfield, 2014; Love et al., 2004; Manning et al., 2017; Peisner-Feinberg et al., 1999; Ruzek et al., 2014; Sabol & Pianta, 2013; Setodji, Le & Schaack, 2013; Whitebook, Howes & Phillips 1989）。エビデンスの蓄積が、スケールのスコアは信頼性・妥当性があり国際的にも子どものアウトカムと結びついていることを示しています（Aboud & Hossain, 2011; Bull, Yao & Ng,

2017; Cote et al., 2013; Deynoot-Schaub & Riksen-Wallraven, 2006; Grammatikopoulos et al., 2017; Herrera et al., 2005; Manning et al., 2017; Pinto, Pessanha & Aguiar, 2013; Sammons et al., 2011; Sylva et al., 2004; Vermeer et al., 2016)。とはいえ、他の乳幼児期のケアと教育の質を測定する手法と同様、子どもの発達のアウトカムと環境評価スケールで測定される総合的な保育の質との関連の程度は、比較的低いものです（Burchinal,Kainz & Cai, 2011）。新版ITERS-3は、子どもの広い範囲での発達のアウトカムの重要性に焦点を当てる一方で、進行中の活動場面での言語による相互関係を強調し、子どものアウトカムの予測度を高めるようにデザインされました。

ITERS-RとECERS-3の、現況をあらわすとともに予測性もある妥当性は確立されており、そのため本来の良さはそのままにし、改訂版の最初のフィールドテストでは、ITERS-3スケールの信頼性を保てる訓練された観察者の能力のレベルに達することに焦点が絞られました。

改訂の後、著者らは2016年の晩春と夏にITERS-3の小規模な試行を行い、秋に規模を大きくしてフィールドテストを実施しました。フィールドテストではQRISでERSを採用している３つの州の機関の協力を得ました。ITERS-Rの使用に熟達したアセッサーがITERS-3使用のトレーニングを受け、適切な信頼性のレベルに到達するよう現場での実地研修を行いました。ジョージア州とペンシルベニア州からのアセッサーはノースカロライナで、ワシントン州のアセッサーはシアトルでトレーニングを行いました。全員のアセッサーが、33項目で１ポイントの違いの範囲で85％の信頼性に達しました。うち８人のアセッサーは最初の２回の実地観察で至適基準をもつトレーナーと85％の信頼性を獲得しました。９番目のアセッサーは１回の試行を加えました。これらの高い信頼性をもつ観察者によって１度トレーニングを受けた測定者が州に戻っていきました。これらの観察者は、訓練を受け著者から保証付きの観察者と共にペアを組んで信頼性の調査研究に参加し、３回で全員85％の水準に達しました。この信頼性の基準を獲得した後に、訓練を受けたアセッサーがペアを組んで信頼性の調査研究に参加しました。これらのアセッサーは環境評価スケールの使用にあたり経験豊富であったことを記しておかなくてはなりません。スケールになじみのないアセッサーを訓練するにはより長いトレーニング期間が必要です。

研究調査のサンプルとなったのは次にあげる州の53のクラスです：ジョージア州（15）、ペンシルベニア州（16）、ワシントン州（18）、ノースカロライナ州（4、トレーニングの直後に実施）。保育室は、州のライセンスシステムやQRISのデータをもとにして、およそ３分の１ずつ質の低いグループ、中間的な質のグループ、質の高いグループを構成しました。最終的には、質が「高い」と評定されたプログラムは比較的少なく、「ふつう〜低い」が多くなりましたが、これらの州で供給される保育の質の幅の広さをカバーし、スケールの使用について検証を行うに差支えない配分となりました。

各保育室で、２人のアセッサーが同時に別個で保育環境の評定をしました。保育の中心となる時間帯にきっかり３時間を評定に費やし、観察時間中に見ることができなかった、粗大運動遊びのスペースや設備・備品、食事／間食とオムツ交換／排泄あるいは室内の遊具／教材を確認する場合にのみ時間を延長しました。この延長時間での評定が可能なのは、特定の指標についてだけ、すなわち食事／間食については衛生面と栄養面、オムツ交換／排泄については衛生面だけ評定します。粗大運動遊びと項目14から24については遊具／教材や設備面についてのみ評定します。そのほかの評定、たとえば子どもと先生の相互関係、遊具／教材がどう使われているかについては３時間の区切り内での観察に基づきます。

(1)指標の信頼性

　指標の信頼性とは、同じタイムサンプルでITERS-3をまったく独立して実施した、2人のアセッサーの項目の評点が一致する割合または百分率です。試行版のITRTSの33項目中には合計476の指標があります。アセッサーは、各保育室ですべての指標を評定するように指示されました。アセッサーのペアで、指標全体の信頼性の平均は86.9%でした。一定の環境の下で「無回答可」となるものを除き、指標はそれぞれ「はい」と「いいえ」のどちらかに判断されます。ちなみに、6項目については「無回答」となり得ます。そのような場合、当該項目内の指標はすべて「無回答」とみなされます。少数の指標については75%を下回りました。フィールドテストの後、著者はそれらの指標については削除するか信頼性が高まるような修正を行いました。最終版ではスケールは33項目にわたる457指標となりました。

(2)項目の信頼性

　スコアリングのシステムの性質上、理論的には指標レベルでの一致が高くなっても、項目レベルでは一致度が低くなります。2つの方法により一致度は計算されました。まず、2人の観察者による7段階の評点で1ポイントの違いの範囲は一致しているとみなして計算しました。35項目について完全な一致率は60.6%でしたが、1ポイントの違いの範囲での一致率は86.1%でした。個別の項目でいえば、1ポイントの違いの範囲内の場合、その幅は、〈項目4．子どもに関係する展示〉の69.8%から〈項目5．食事／間食〉および〈項目20．自然／科学〉の94.4%というものでした。

　2番目に、より伝統的な手法としてカッパ係数を用いました。この測定はスコア間の相違を考慮するものです。通常のスケールを測定するものとして、カッパ係数の重み付けをしたものが最も適切であり、試行テストで採用されました。33項目のカッパ係数により重み付けをした中央値は.600でした。範囲は、低いほうで〈項目3．室内構成〉の.376から、高いほうで〈項目13．保育者による絵本の使用〉の.753でした。項目3だけが.40を下回りました。他に、6項目が.50を下回りました。これらすべての項目に編集が加えられました。指標の編集は、スコアの低い項目について、その内容を変えることなく、カッパ係数を高めるようなものでした。これらの変更は出版されたスケールに含まれています。この、より伝統的な信頼性の測定によっても、総合的な結果は、全体としてはスケールの信頼性が受け入れ可能なレベルに達していることを示しています。

(3)級内相関

　3番目に信頼性を確かめる方法として、観察者が別々に質の測定をしたときの一致のレベルを見るものとして級内相関を用いました。これにより2人の観察者間の相関を説明し、また段階付けの幅の違いについても説明します。私たちは双方向混合モデルで完全一致の級内相関を検証しましたが、これは0の場合にはまったく評価者間の一致がなく、1であれば完全に一致するという意味合いのものです。項目レベルでの中央値は.83で、範囲は〈項目3．室内構成〉の.664から〈項目13．保育者による絵本の使用〉の.943となっています。サブスケールに関しての係数は右の表に示すとおりです。通常.85以上であれば十分であ

サブスケールとスケール全体の級間相関

サブスケール	相関
空間と家具	0.764
養護	0.857
言葉と絵本	0.940
活動	0.895
相互関係	0.917
保育の構造	0.870
サブスケール1-6中央値	0.874
全体（項目1-35）	0.915

N=106; N paired=53

るとみなしています。表に見るとおり、項目、サブスケール、全体についてこの数値を上回っています。唯一の例外が〈空間と家具〉のサブスケールです。

(4)内的一貫性

最後に私たちは内的一貫性について検証しました。これによりスケール全体とサブスケールが共通の概念を測定している程度について測ります。全体的には、スケールはCronbachのα係数が.914という高い内的一貫性をもっています。この数値は私たちが環境の質と呼ぶまとまった概念が測定されることに確信が持てることを示唆しています。次に、サブスケールはどの程度一貫性を示すのか——すなわちそれらは一貫してある構造を測定しているのか、ということを検証しました。106件のフィールドテストの結果に基づき、各

内的一貫性	
サブスケール	α係数
空間と家具	0.761
養護	0.855
言葉と絵本	0.940
活動	0.893
相互関係	0.915
保育の構造	0.868
サブスケール1-6中央値	0.872
全体（項目1-33）	0.914

サブスケールとスケール全体についてCronbachのα係数を示したのが上の表です。.60以上であれば、一般的に内的一貫性はかなりの程度認められます。どの項目もその水準を割り込んでいません。

まとめると、フィールドテストでは、指標間、項目間全般にわたり全部のスコアについて評定者間の一致が高いレベルに達していることを示しました。これらの発見はITERS-RとECERS-3の同様の調査研究において、著者らの研究によって見られ、先に述べたように他の研究者によっても確認されました。これらの先行研究は著者らと関わりない研究者によるものであり、この章の最初で述べたように、乳幼児の環境の質を取り上げた幅広い分野の研究においてスケールはかなり有効であるということが証明されました。同時にスケールは、適度な水準でのトレーニングとスーパービジョンを受けることで観察者として信頼性が妥当なレベルに到達できる程度の使いやすいものである、ということも示されました。まとめると、一連の分析はスケールを保育現場で信頼性をもって使い得ることの根拠を示しています。

私たちは少数データであることと地域的な偏りという理由で、標準的なデータをここで示していません。データについては状況が整い次第、ERSIのウェブサイトに掲載する予定です（www.ersi.info）。ECERS-RとECERS-3については、大量データを用いて"指標ベースサブスケール"と呼ばれる、質を網羅した別の概念構成による改造セットを導き出しました（Clifford & Neitzel, 2015）。この指標ベースサブスケールによるスコアリングについての論文は、本書作成時には作成途上にあります。従来どおりの評定方法によるよりも子どものアウトカムを的確に予想するとか、あるいは改造されたサブスケールというものがありうると明言できるには至っていません。指標の数は多数あり、これらの分析には膨大な量のデータが必要になります。指標ベースサブスケールにはさらなる研究が必要なことには間違いありません。多量のデータが蓄積されたら、ITERS-3についても同様の分析が行われるでしょう。

最終のまとめをしておきましょう。アセッサー間の一致度が低い指標について調整を行うことに加え、フィールドテストのデータを使うことで各指標の困難度を検証しました。この検証の結果、スケールとしての性能を高めるために、指標を再配置しました。つまり、ポジティブな結果が得られる率の高い指標がスケールの高得点の位置に置かれると、それは達成が安易なものとなり、質の

「とてもよい」──同様に「よい」「最低限」の──レベルが下がってしまうことになります。この変更が、出版されたITERS-3を用いたスコアがフィールドテストでのスコアを多少下回るという結果をもたらしましたが、スケールとしての性能は高めることになりました。変更点は少なく、これらの変更が全体としてのスコアを大きく変えてしまうものとは予想していません。

　この章の内容についての責任はすべて著者にありますが、データの解析を行ってくれたDari Jigjidsuren博士とフィールドテスト実施地の選択と研究に際して必要なトレーニングを組織してくれたGayane Baziyantsの研究の貢献についてここに記します。

【参考文献】

Abound, F.E., Hassain, K.（2011）. The impact of preprimary school on primary school achievement in Bangladesh. *Early Childhood Research Quarterly, 26,* 237-246. doi: 10.1016/j.ecresq.2010.07.001

American Academy of Pediatrics, American Public Health Association, & National Resource Center for Health and Safety in Child Care and Early Education.（2011）. Caring for our children: *National healthe and safety performance standards: Guidellines for early care and education programs*（3rd ed.）. Elk Grove Village, IL: American Academy of Pediatrics; Washington, DC: American Public Health Association.

ASTM International.（2011a）. ASTM F2327-11, *Standard consumer safety performance specification for public use play equipment for children 6 months through 23 months*. West Conshohocken, PA: Author. doi: 10.1520/F2327-11

ASTM International.（2011b）. ASTM F1487-11, *Standard consumer safety performance specification for play ground equipment for public use*. West Conshohocken, PA: Author. doi: 10.1520/F1487-11

Bisceglia, R., Perlman, M., Schaak, D., & Jenkins, J.（2009）. Examining the psychometric properties of the Infant Toddler Environment Rating Scale-Revised Edition in a high stakes context. *Early Childhood Research Quarterly, 24,* 121-132. doi: 10.1016/j.ecresq.2009.02.001

Bull, R., Yao, S. Y., & Ng, E.L.（2017）. Assessing quality of kindergarten classrooms in Singapore: Psychometric properties of the Early Childhood Environment Rating Scale-Revised. *International Journal of Early Childhood*. Advance online publication: doi: 10.1007/s13158-017-0180-x

Burchinal, M., Kainz, K., & Cai, Y.（2011）. How well do our measures of quality predict child outcomes? A meta-analysis of data from large-scale studies of early childhood settings. In M.Zaslow, I. Martinez-Beck, K. Tout, & T. Halle（Eds.）, *Quality measurement in early childhood settings*（pp. 11–32）. Baltimore, MD: Brooks Publishing Company.

Burchinal, M., Peisner-Feinberg, E., Pianta, R., & Hows, C.（2002）Development of academic skills from preschool through second grade: Family and classroom predictors of developmental trajectories. *Journal of School Psychology, 40*（5）, 425-436. doi: 10.1016/S0022-4405(02)00107-3

Burchinal, M., Roberts, J. E., Zeisel, S.A., Hennon, E.A., & Hooper, S.（2006）. Social risk and protective child, parenting, and child care factors in early elementary school years. *Parenting: Science and Practice, 6,* 79-113. doi: 10.1207/s15327922par0601_4

Cliford, R.M., & Neitzel, J.（2015, May）. Near ECERS-R virtual subscales. Paper presented at the National Smart Start Conference, Greenboro, NC. Accessed on line at www.ersi.info.

Copple, C., & Bredekamp, S.（Eds.）.（2009）. *Developmentally appropriate practice in early childhood programs serving children from birth through age 8*（3rd ed.）. Washington, DC: National Association for Education of Young Children.

Copple, C., & Bredekamp, S. Koralex, D., & Charner, K.（Eds.）.（2013）. *Developmentally appropriate practice: Focus on infants and toddlers*. Washington, DC: National Association for Education of Young Children.

Côté, S. M., Mongeau, C., Japel, C., Xu, Q., Séguin, J. R., & Tremblay, R.E.（2013）. Child care quality and cognitive development: Trajectories leading to better preacadeic skills. *Child Development, 84,* 752-766. doi:10.1111/cdev.12007

Cryer, D., Tietze, W., Burchinal, M., Leal,T., & Palacios, J.（1999）. Predicting process quality from structural quality in preschool programs: A cross-country comparison. *Early Childhood Research Quarterly 14,* 339-

361. doi:10.1016/S0885-2006(99)00017-4.

Daynoot-Schaub, M. J.G., & Riksen-Walraven, J.M. (2006). Peer contcts of 15-month-olds in childcare: Links with child temperament, parent-child interantion and quality of childcare. *Social Development, 15*, 709-729. doi:10.1111/j.1467-9507.2006.00366.x

Goelman, H., Forer, B., Kershaw, P., Doherty, G., Lero, D., & LaGrange, A. (2006). Towards a predictive model of quality in Canadian child centers. *Early Childhood Research Quarterly, 21*, 280-295.

Goldman, R., Fujimoto, K., Kaestner, R., Korenman, S., K. (2013). An assessment of the validity of the ECERS-R with impications for asssessments of child care quality and its relation to child development. *Developmental Psychology, 49*(1), 146-160. doi: 10.1037/a0027899.

Grammatikopoulos, V., Gregoriadis, A., Tsigilis, N., & Zachopoulou, E. (2017). Evaluating Quality in early childhood education in relation with children outcomes in Greek context. *Early Child Deelopment and Care*. Advance online publication: doi: 10.1080/03004430.2017.1289192

Harms, T., Cliford, R.M., & Cryer, D. (2005). *Early Childhood Environment Rating Scale, Revised Edition, Updated*. New York, NY: Teachers College Press.

Harms, T., Cliford, R.M., & Cryer, D. (2015). *Early Childhood Environment Rating Scale, Third Edition, Updated*. New York, NY: Teachers College Press.

Harms, T., Cryer, D., & Cliford, R.M. (1990). *Infant/Toddler Environment Rating Scale*. New York, NY: Teachers College Press.

Harms, T., Cryer, D., & Cliford, R.M. (2003). *Infant/Toddler Environment Rating Scale, Revised Edition*. New York, NY: Teachers College Press.

Harms, T., Cryer, D., & Cliford, R.M. (2006). *Infant/Toddler Environment Rating Scale, Revised Edition, Updated*. New York, NY: Teachers College Press.

Helburn, S. (Ed.). (1995). *Cost, quality, and child outcomes in child care centers: Thechnical report*. Denver: University of Colorado, Department of Economics, Center for Research in Economic Social Policy.

Henry, G., Ponder, B., Rickman, D., Mashburn, A., Henderson, L., & Gordon, C. (2004, December). *An evaluation of the implementation of Georgia's Pre-K program: Report of the findings from the Georgia early childhood study (2002-03)*. Atlanta, GA: Georigia State University, School of Policy Studies, Applied Research Center.

Herrera, M. O., Mathiesen, M. E., Merino, J.M., & Recart, I. (2015). Learning context for young children in Chile: Process quality assessment in preschool centers. *International Journal of Early Years Education, 13*, 13-27.

Hong, S. I., Howes, C., Marcella, J., Zucker, E., & Huang, Y. (2015). Quality rating and improvement systems: Validation of a local implementation in LA County and children's school-readiness. *Early Childhood Research Quarterly, 30* (Part B), 227-240. doi:10.1016/j.ecresq.2014.05.0

Iruka, I. U., & Morgan, J. (2014) Patterns of quality experienced by African American children in early education programs: Predictors and links to children's preschool and kindergarten academic outcomes. *The Journal of Negro Education, 83*, 235-255. doi: 10.7709/jnegroeducation.83.3.025

La Paro, K.M., Williamson, A. C., & Hartfield, B. (2014). Assessing quality in toddler classrooms using the CLASS-Toddler and the ITERS-R. *Early Education and Development, 25*, 875-893. doi:10.1080/10409289.2014.883586

Love, J. M., Constance, J., Paulseell, D., Boller, K., Ross, C., Raikes, H.,···& Brooks-Gunn, J. (2004). *The role of Early Head Start programs in addressing the child care needs of low-indome families with infants and toddlers: Influende on child care use and quality*. Washington, DC: U.S. Department of Health and Human Services.

Manning, M., Gravis, S., Fleming, C., & Wong, G.T.W. (2017). The relationship between teacher qualification and the quality of the early childhood education and care environment. *A Campbell Systematic Review 2017:* 1. Retrieved from campbellcollaboration.org.

National Association for Education of Young Children & the Fred Rogers Center for Early Learning and Children's Media at Saint Vincent College. (2012). Technology and Interactive Media as Tools in Early Childhood Programs Serving Children from Birth through Age 8. Retrieved from naeyc.org/files/naeyc/

PS_technology _WEB.pdf

National Council of Teachers of Mathematics. (2013). What is important in early childhood mathematics? Retreived from nctm.org/uploadedFiles/Standards_and_Positions/Position_Statements/Early%20 Mathematics%20(2013).pdf

National Research Council. (1998). *PreventingReading difficulties in young children.* Washington, DC.: The National Academies Press. doi: 10.17226/6023

National Research Council. (2009). *Mathematics learning in early childhood: Paths toward excellence and equity.* Washington. DC: The Nationa Academies Press. doi:10.17226/12519

Peisner-Feinberg, E. S., Burchinal, M.R., Cliffordm R.M., Culkin, M.L., Howes, C., Kagan, S.L., Yazejian, N., Byler, P., Rustici, J., & Zelazo, J. (1999). *The Children of the cost, quality and child outcomes in child care centers study go to school: Technical Report.* Chapel Hill, NC: University of North Calolina at Chapel Hill, Frnk Porter Graham Child Development Center.

Pinto, A. I., Pessanha, M., & Aguair, C. (2013). Effects of home environment and center-based child care quality on children's language, communications, and literacy outcomes. *Early Childhood Research Quarterly, 28,* 94-101.

Ruzek, E., Burchinal, M., Farks, G., & Duncan, G.J. (2014). The quality of toddler child care and cognitive skills at 24 months: Proensity score analysis results from the ECLS-B. *Early Childhood Research Quarterly, 29,* 12-21. doi: 10.1016/j.ecresq.2013.09.002

Sabol, T.J., & Pianta, R. C. (2013). Can rating Pre-K programs predict Children's learning? *Science, 341* (6148), 845-846.

Sabol, T.J., & Pianta, R. C. (2014). Do standard measures of preschool quality used in statewide policy predict school readiness? *Education Finance and Policy, 9* (2), 116-164.

Sammons, P., Sylva, K., Melhuish, E., Siraj-Blatchford, I., Taggart, B. Dragchi, D., Toth, K., & Smees, R. (2011). *Effective Provision of Pre-School, Primary and Seondary Education Project (EPPSE 3 -14) influences on students' development in key stage 3 : Social-behavioural outcomes in year 9 full report.* London: EPPSE Project-Institute of Education.

Setodji, C.M., Le, V.N., & Schaack, D. (2013). Using generalised additive modeling to empirically identify threshold with the ITERS in relation to toddlers' dcognitive development. *Developmental Psychology, 49,* 632-645. doi:10.1037/a0028738

Sylva, K., Melhuish, E., Sammons, P., Siraj-Blatchford, I., Taggart, B. (2004). *The Effective Provision of Pre-School Education (EPPE) Project: Final Report: A longitudinal study funded by the DfES 1997-2004.* London, UK: Institute of Education, University of London/Department for Skills/Sure Start.

U.S. Consumer Product Safety Commission. (2010). *Public playground safety handbook.* Available at cpsc.gov. s 3 fs-public/325.pdf

Vermeer, H. J., van IJzendoorn, M.H., Carcamo, R. A., & Harrison, L.J. (2016). Quality of child care using the Environment Rating Scales: A meta-analysis of international studies. *International Journal of Early Childhood, 48,* 33-60. doi:10.1007/s13158-015-0154- 9

Vigotsky, L. (1978). *Mind and Society: The deekioment of higher psychological process.* Cambridte, MA: Harvard University Press.

Whitebook, M., Howes, C., & Phillips, D. (1989). *Who cares? Child care teachers and the quality of care in America.* National child care staffing study. Oakland, CA: Child Care Employer Project.

訳者あとがき

　先進工業国では、1980年代半ばより子どもをもつ女性の労働市場進出が顕著になってきました。アメリカでは、子どもの発達保障と財源の効果的な配分との両立を果たすべく、集団保育の質を測定する尺度が多く開発されています。つまり、尺度を用いて保育の質を数値化し、それを根拠として営業許可なり補助金を与えるという仕組みなのです。

　本書の原著、テルマ・ハームス博士らによるITERSは、同博士らによる一連のERS（保育環境評価スケール）の一つです。まず1980年にECERS、すなわち3～5歳の幼児版保育環境評価スケールが開発・発行されました。1989年にはファミリー・デイケア、日本で言うところの家庭的保育版FCCERSが発行され、1990年にITERS（初版は0～2歳半）が発行されました。

　ERSはその使いでのよさで、その後多くの調査に使われ、アメリカ国内だけではなく、世界に広がって行きました。特に有名なのがイギリスのEPPE研究（1997-2003）です。この研究ではECERS-R（改訂版、日本語訳『保育環境評価スケール①幼児版』）が用いられました。併せて、項目の一部をイギリスのナショナル・カリキュラムの内容に沿ったものに特化させたエクステンション版が用いられ、ECERS-Eとして2003年に発行されました（日本語訳『新・保育環境評価スケール③考える力』2017年）。

　最新のECERS-3とITERS-3を見ると乳幼児期のLearning、つまり学びを育てる重要性が強調された内容になっています。「はじめに」でも述べましたが、日本では平成29（2017）年に告示された幼稚園教育要領等で幼児教育が強調され、「育みたい資質・能力」が明確化されました。保育所保育指針では「学びの芽生え」に注目し、3歳未満児の保育の意義がより明確化されました。それは安直な早期教育に対する警鐘であり、乳幼児に備わった「知りたい、確かめたい」という探究心の発露を受け止め発展させる、物的・人的環境の充実が喫緊の課題となったことを意味しているのではないでしょうか。

　2004年に訳出したITER-R（『保育環境評価スケール②乳児版』）と比較し、保育者からの言語的な関わりを見る項目がぐんと増えています。これは乳幼児の学びにおとなからの関わりが不可欠であることを示しています。そしてその関わりとして何をすればよいのかが、非常に具体的に述べられています。

　一連のERSを翻訳してきましたが、本書はその5冊目です。

　『新・保育環境評価スケール』は①3歳以上、②0・1・2歳、③考える力と、3部出揃いました。他にも、SSTEW、MOVERSの日本語訳が出版されています（順に『「保育プロセスの質」評価スケール』明石書店発行、『「体を動かす遊びのための環境の質」評価スケール』同発行）。それぞれが特性を発揮し、使いこなされ、日本の保育の質の向上に貢献することを願ってやみません。

　刊行にあたり、引き続き法律文化社の田靡純子氏にお世話になりました。深く御礼申し上げます。

埋橋玲子

● **著者紹介** ※2017年当時

テルマ・ハームス（Thelma Harms）

ノースカロライナ大学チャペルヒル校フランク・ポーター・グラム（以下、FPG）子ども発達研究所名誉カリキュラム開発ディレクター、保育環境評価スケール（以下、ERS）研究所ディレクター。保育の質の評価に関し国際的に著名である。バークレー大学カリフォルニア校ハロルド・E・ジョーンズ子ども研究所長としての15年の経験があり、FPG子ども発達研究所カリキュラム開発部では研修の教材の開発を幅広く行った。4つのスケール（ECERS、ITERS、FCCERS、SACERS）の筆頭著者である。現在はERS研究所で現任者研修とコンサルティングを行い、研究、助言、研修、質向上システム（QRIS）計画の保育評価と、アメリカ国内外で幅広い実績がある。

デビィ・クレア（Debby Cryer）

ノースカロライナ大学チャペルヒル校FPG子ども発達研究所名誉研究員。COCQ調査主任研究員、ヨーロッパ保育研究、0～2歳児保育ケアの継続的効果研究に従事。*All about ECERS*、*All about ITERS*、*All about Preschooers*主著者。保育評価と保育の質向上のコンサルティングを行っている。アメリカ国内外で、スケールについてのトレーニングやレクチャーを行なっている。

リチャード M. クリフォード（Richard M. Clifford）

ノースカロライナ大学チャペルヒル校FPG子ども発達研究所名誉上級研究員。保育サービスの供給と財源における政府の役割を強調する子ども・家族政策問題に多くの著書がある。乳幼児期の学びの環境のアセスメントを行い、子どもに与える影響についての研究を行った。Cost, Quality and Child Outcome in Child Care Centers Study （CQCO研究＝保育の質とコストが子どもに与える影響調査）主任研究員、Study of State-Wide Early Education Programs（SWEEP調査）共同ディレクター、子ども発達ノースカロライナ・デビジョン初代ディレクター、元NAEYC会長。

ノリーン・イェゼジアン（Noreen Yazejian）

ノースカロライナ大学チャペルヒル校FPG子ども発達研究所上級科学者、ERS研究所ディレクター。大規模調査を組織することに卓越した経験をもち、初期の教育が子ども、特に貧困層の子どもに与える影響について明らかにする評価研究を行っている。その乳幼児研究と保育プログラム評価研究は、専門性の発達、0～5歳のカリキュラム、家庭訪問、保育の質評価と質向上システム、乳幼児の言語とリテラシー、継続的質向上のデータの使用に焦点を当てている。研究成果は*Child Development, Early Childhood Research Quarterly, Early Education and Deelopment, Social Policy Report*および*NHSA Dialog*に発表されている。

● 以下の園より写真撮影のご協力をいただきました。ここに記して感謝の意を表します ●

（※名称は2018年当時のもの、50音順）

赤碕こども園（鳥取県東伯郡）／おおぎ第二保育園（入間市）／かわにしひよし保育園（川西市）／川和保育園（横浜市）／世田谷仁慈保幼園／高槻市立富田保育所／ななこども園（藤井寺市）／額小鳩第一・第二こども園（金沢市）／ひじりにじいろ保育園（豊中市）／むくどり風の丘保育園（相模原市）／やまぼうし保育園（宝塚市）

●訳者紹介

埋橋玲子（うずはし れいこ）

　大阪総合保育大学・大学院特任教授。FPG子ども発達研究所で本書原著者らによるECERS，ITERS，FDCERSのトレーニングを受けた。ECERS-3、ITERS-3、ECERS-E、SACERS-Uについてそれぞれ『新・保育環境評価スケール①3歳以上』『新・保育環境評価スケール②0・1・2歳』『新・保育環境評価スケール③考える力』『新・保育環境評価スケール④放課後児童クラブ』（法律文化社）として訳出。また、ECERSを素材にしたコーチングの手引き『保育コーチング―ECERSを使って』を監訳。保育現場とオンラインの両方で、保育者とともにスケールを用いた保育研修を行っている。

　〈連絡先〉r-uzuhashi@jonan.ac.jp

Horitsu Bunka Sha

新・保育環境評価スケール②〈0・1・2歳〉

2018年12月15日　初版第1刷発行
2025年5月10日　初版第6刷発行

著　者　テルマ・ハームス
　　　　デビィ・クレア
　　　　リチャード M. クリフォード
　　　　ノリーン・イェゼジアン

訳　者　埋橋玲子

発行者　畑　光

発行所　株式会社　法律文化社
〒603-8053　京都市北区上賀茂岩ヶ垣内町71
電話 075(791)7131　FAX 075(721)8400
customer.h@hou-bun.co.jp
https://www.hou-bun.com/

印刷：西濃印刷㈱／製本：㈱吉田三誠堂製本所
装幀：白沢　正
ISBN978-4-589-03968-2

Ⓒ2018 Reiko Uzuhashi Printed in Japan
ERS®および環境評価スケール®はコロンビア大学ティーチャーズカレッジの登録商標です。
乱丁など不良本がありましたら、ご連絡下さい。送料小社負担にてお取り替えいたします。
本書についてのご意見・ご感想は、小社ウェブサイト、トップページの「読者カード」にてお聞かせ下さい。

JCOPY　〈出版者著作権管理機構　委託出版物〉
本書の無断複写は著作権法上での例外を除き禁じられています。複写される場合は、そのつど事前に、出版者著作権管理機構（電話 03-5244-5088、FAX 03-5244-5089、e-mail: info@jcopy.or.jp）の許諾を得て下さい。